KB203616

관음도독

觀音導讀

●

황상준의 법화경 관세음보살보문품 독해 가이드

관음도독

觀音導讀

황상준의 법화경 관세음보살보문품 독해 가이드

책을 펴내며

이 책은 『기도, 변화의 힘 有求必應』에 이은 두 번째 책입니다. 첫 번째 책이 한국 관음신앙(觀音信仰)에 관한 개요를 소개하였다면 본서는 관음신앙의 근간(根幹)을 이루고 있는 「관세음보살보문품」의 해설서라고 할 수 있습니다.

본문에서도 밝히겠지만, 제가 이 책을 쓰게 된 이유는 「관세음보살보문품」이 석가모니 부처님께서 우리 중생들이 살아가면서 겪게 될 삶의 고통을 어떻게 하면 잘 이해하고 헤쳐 나갈 수 있는지를 아주 상세하게 말씀하셨다는 생각이 한시도 떠나지 않았기 때문입니다.

제가 관세음보살님과 여러 경전에 설해진 내용을 이해하는 경지가 고승대덕의 스님들과 전공을 같이하는 선생님들에 견줄 바는 못 되더라도, 불자임과 동시에 강단에서 강의를 하면서 경전을 접할 때마다 참으로 중요한 내용을 부처님께서 설해 놓으셨다는 생각이 듭니다. 그래서 미흡하지만 불자 여러분들에게 관세음보살님과 관음신앙을 이해하는 데 도움을 드리고자 이 책을 쓰게 되었습니다. 이 책을 읽게 될 불자님들도 저와 같은 마음이기를 바랍니다.

세상에 내놓는 두 번째 책입니다. 불·법·승 삼보에 대한 감사를 표현할 단어를 찾지는 못했지만 항상 부처님의 가피를 잊지 않고 살아가겠습니다. 먼저 누구보다 일찍 아버지와 사별하신 후 홀로 삼형제를 길러 주신 어머니 조화순 보살님께 감사를 전합니다. 가정을 이루고 두 아이를 키우면서 부모로서의 역할과 책임을 제 자신에게 묻곤 합니다. 당신이 제게 보여준 불자로서의 삶과 가장(家長)으로서의 모습은 오늘의 저를 있게 해주셨습니다. 진심으로 감사를 드립니다.

또한 학문의 길에서 제게 가르침을 주신 모든 분들에게 지면으로나마 감사를 드리며, 책의 출판비용을 항상 지원해 주는 대원(大願) 이승준 거사의 보시 공덕과 여러 스님들의 격려와 염려가 있기에 제 부족한 글이 세상 밖으로 나오게 되었습니다. 그리고 스승이자 선지식(善知識)인 서윤길 동국대 명예교수님께 추천사를 부탁드렸는데, 과문한 제자를 위해 옥고를 주셔서 이번 개정판에 싣게 되었습니다. 불교학자의 길을 열어 주신 교수님의 지도와 배려에 머리 숙여 감사를 표합니다.

가화만사성(家和萬事成), 집안이 화목하면 모든 일이 잘 이루어진다는 것을 항상 제 옆에서 실천하고 보여주는 서현(漵炫) 보살에게 고마움을 전합니다. 불교학자인 저보다 더 굳건한 신심으로 부처님 말씀을 모시고 항상 관음기도(觀音祈禱)를 멈추지 않는 그 힘이 제겐 평생의 든든한 후원자입니다. 그리고 저희 보살을 낳아 주시고 길러 주신 장인어른과 장모님께 그 은혜 진심으로 감사드립니다. 관세음보살님께 기도하여 우리 곁으로 와준 큰아이 수빈(琇浜)과 둘째 수호(琇晧)에게도 고마운 마음을 전합니다. 휴일에도 연구실로 향하는 아빠를 서운해 하면서도 아빠의 모습을 자랑스러워하는 아이들의 모습 또한 제겐 든든한 버팀목입니다. 마지막으로 출판을 맡아 주신 나라연의 오세연 실장님께도 감사를 표합니다.

2021년 6월
백련산(白蓮山) 자락에서
파초(芭蕉) 황상준 합장

나의 관음신앙 이해

서윤길 동국대 명예교수

어린 아이가 배가 고프거나 고통을 느끼면 엄마를 찾듯이, 어른이 된 사람도 뭔가 다급해지면 믿음을 찾고 신앙의 문을 두드리게 된다.

나는 전공 학문이 불교였지만, 학생들을 가르치고 연구도 해야 했으므로 공부가 이론에 치우쳤고 머리로만 노력을 기울였다. 그런 관계로 신앙이나 수행이라는 실천면에는 소홀한 점이 없지 않았다. 한편으로 학자는 그런 생활이 지극히 현실적이고 보편적인 삶의 자세라고 생각하면서 살아온 것도 사실이다.

그러나 나는 대학에서 정년을 앞두고, 지나온 날들이 종교인의 자세라고 하기에는 턱 없이 부족했고 허점도 많은 생활이었음을 뼈저리게 체감케 되었다.

집안에 큰 우환이 생겼고, 한 달 뒤에는 한 사람의 생명과

맞바꿔야 할지도 모르는 위험한 큰 수술 날짜가 잡혔다. 말로만 듣던 세상이 온통 하얘지는 경험도 체험했다. 이 무슨 업보인가, 살아온 날들에 대한 반성으로 몇 날 밤을 지새우기도 했다.

신앙적으로, 옳고 그름을 떠나 맞고 안 맞고를 불문하고, 누군가에게 하소연하고 무엇엔가에 매달리지 않고는 견딜 수가 없었다. 그마만치 다급하고 참기 어려운 고통이었다. 이러할 경우 종교인과 비신앙인의 차이는 무엇인가도 참담하게 자문해 보았다.

병원에서 수술 날짜가 잡힌(1개월 뒤) 날부터 나는 집에 모신 부처님 앞에서 『법화경』「보문품」을 펼쳐 읽고 관음주송(觀音呪誦)을 시작했다.

"만약 헤아릴 수 없이 많은 중생이 갖가지
고뇌를 받고 있을 때 관세음보살의 명호를
지성으로 부르면, 보살이 그 음성을 듣고
모두 해탈케 하리라……."

는 말씀을 믿고 의지하기 위해서였다.

꼬박 한 달을 작심하고 관세음보살님께 매달렸다. 밤과 낮도 상관없고, 산길 들길, 버스나 전철을 불문하고 관음보살을 염(念)하고 송(誦)했다. 밥을 먹으나, 잠을 자거나, 꿈속에서

까지도 정진의 노력은 쉼이 없었다. 신심이 깊어서가 아니라 현실적으로 절박했던 나의 처지가 그렇게 끌고 간 것이었다. 신심이 필요를 가져온 것이 아니고 필요가 신심을 높인 것이다.

시간이 지나, 11시간의 수술을 받았던 환자는 성공적으로 병원에서 퇴원을 했고, 가정은 안정을 되찾게 되었다. 보는 시각이나 근기의 차이에 따라 여러 견해가 있을 수 있겠으나, 이 좋은 결과는 관음보살님의 가피력이라고 나는 믿는다.

여러 가지 내용은 다 접어 두고라도, 나는 관음주송력에 의해서 어려운 난관을 극복할 수 있었다. 필요에 따른 신심에 의해 정신적으로나 육체적으로 건강을 유지하면서 지치지 않고 환자를 잘 돌보아 기쁜 결실을 맺을 수 있었기 때문이다. 굳이 이러한 이유가 아니라도 마음이 열려 눈이 밝은 사람은 일상생활에서도 관음의 가피 속에서 살아갈 수가 있다.

원래 관세음보살의 본령(本領)은 중생이 가까이 온다고 도와주고 멀리 있다고 팽개치지 않는다. 매달려 호소하고 망각해 멀리함에 관계없이, 언제 어디서나 중생들의 편에 서서 고통과 울부짖음을 듣고 살펴서 해결해 주는 자비 실천의 보살이 관음이시다.

우리들이 큰 고통에 처하고 큰 어려움을 맞았을 때만 관음의 명호를 지성껏 부르면 가피를 내려 돕고 구원해 주신다는 믿음은 어디까지나 방편설임을 알아야 한다. 하늘의 태양이 구름과 밝은 대지를 구별치 않고 항시 빛을 뿌리어 만물이 성장케 하듯이, 관음보살은 고통의 크고 작음이나 부르고 부르지 않는 세속의 모습과 상관없이 신통력으로 중생들의 곁에 나투어, 그들의 모습으로 그들을 돕고 제 그릇대로 살아갈 수 있도록 이끌고 조력한다. 사소한 기쁨이나 적은 도움까지도 모두가 관음보살의 가피력이라 할 것이다.

그러므로 관음보살은 찾는 중생도 많고 가야할 곳도 많다. 일이 많으므로 법당에만 안주할 수 없고 한 몸만으론 턱도 없고 어림도 없이 부족하다. 중생들의 수만큼 많은 몸을 나투어 시방세계를 두루두루 살펴야 하는 것이 그분의 역할이요 본무(本務)이기 때문이다. 관음에 천수천안(千手千眼), 십일면(十一面), 보문시현(普門示現)이라는 수식어가 붙은 이유이다.

관음은 이렇게 우리 곁에 오시어 우리와 더불어 살고 계신다. 꽃으로도 오고, 바람으로도 오고, 새나 잉어, 사슴으로도 오며, 때로는 거지나 노숙자, 수행자의 모습으로도 오신다. 오셔서 생명을 돕고 삶을 즐겁게 하신다. 그러나 육체가 마음을 지배하는 사람의 눈에는 함께 살아도 관음이 관음으로 보이지 않고, 그 가피가 가피로 감응(感應)되지 않는다. 목마른 원효 스님도 물을 떠 주었던 여인네가 관음인 줄 몰랐듯이, 한평생 몸 섞어 살면서 밥 지어 주고 빨래해 준 사람이 누구인 줄도 모르고 마지막 눈을 감을 멍충이는 누구이며, 농사 지어 식량 대고 천 짜서 의복 대준 농부나 기계공들, 아픈 몸 살펴주고 먼 길 데려다 준 의료인과 기사분들……. 이 모두가 관음의 화신이 아니던가.

이처럼 우리들은 관음의 바다에 젖어 살고 그 가피의 인드라망 세계에서 숨 쉬고 있는 것이다. 누가 이 땅을 예토라 했는가. 예배의 대상이 부처님만이 아니요, 매일 마주치는 사사물물(事事物物)이 두 손 모을 대상이다. 가는 곳곳마다 관음의 정토이거니, 이렇게 느끼고 행하다 보면 종당(終當)엔 당신 자신이 관음이리라.

나무관세음보살.

목차

『묘법연화경(妙法蓮華經)』 제25 「관세음보살보문품(觀世音菩薩普門品)」

관음신앙(觀音信仰)은 관세음보살의 원력(願力)에 의거하여 구원과 해탈을 구하는 것이며, 궁극적으로는 중생 각자가 관세음보살이 되어 대승보살의 대자비행을 이루는 것입니다.

우리나라 불자들에게 있어 관세음보살은 불보살 중 한 분이라기보다는 어머니와 같은 존재로 받아들여지며 의지의 대상이자 기도처입니다. 우리나라에서 보편적으로 이루어진 관음신앙은 『법화경』 「관세음보살보문품」(이하 보문품)의 영향도 매우 크지만 오래전부터 신앙되어 온 『천수경』의 영향도 크다 할 수 있습니다.

우리가 불교의식을 할 때 늘 외우는 『천수경』의 원래 경명은 『천수천안관자재보살광대원만무애대비심대다라니경(千手千眼觀自在菩薩廣大圓滿無礙大悲心大陀羅尼經)』입니다. 이를 풀이하면 관세음보살님이 천 개의 손과 천 개의 눈으로 우리를 보살피고 거두어 주시는 다라니에 대한 경전이라는 뜻입니다. 또한 『반야심경』과 『능엄경』의 영향도 적지 않습니다.

『반야심경』은 반야사상(般若思想)의 핵심을 담은 경전으로 이 또한 가장 널리 독송되는 경이며 완전한 명칭은 『마하반야바라밀다심경(摩訶般若波羅蜜多心經)』입니다. 즉 지혜의 빛에 의해 열반의 완성된 경지에 이르는 마음의 경전으로 풀이할 수 있으며, 경의 설법자(說法者)는 우리가 익히 알고 있는 관세음보살의 다른 명칭인 관자재보살(觀自在菩薩)입니다.

『반야심경』은 수백 년에 걸쳐서 편찬된 반야경전의 중심 사상을 270자로 함축시켜 서술한 경으로 불교의 모든 경전 중 가장 짧은 것에 속하며, 한국불교의 모든 의식(儀式) 때 반드시 독송되고 있습니다.

그리고 『능엄경(楞嚴經)』에서는 이십오원통(二十五圓通) 즉 삼매에 이르는 25가지 방편을 소개하고 있습니다. 이것은 성문과 보살 등 부처님의 제자 25명이 각자 자신의 공부 방법을 소개한 것인데, 이 중에서 관세음보살의 이근원통법(耳根圓通法)이 말법시대에는 가장 뛰어난 방편이라고 말하고 있습니다. 그러면서 관세음보살의 위신력(威神力)을 설명하고 찬탄(讚歎)합니다.

이와 같이 관음신앙이 우리나라에서 뿌리내리게 된 연유에는 『법화경』 「보문품」뿐만 아니라 『천수경』, 『반야심경』, 그리고 『능엄경』의 영향도 중요하다고 생각합니다.

「보문품」은 『법화경』에서 별도로 유통되어 『관음경(觀音經)』

으로 널리 알려지기도 하였으며 전해져 내려오기도 하였습니다. 왜냐하면 일체중생에게 생길 수 있는 모든 고난은 관세음보살이 계심을 알고 그 명호를 일심으로 부르면〔一心稱名〕관세음보살이 어떠한 고난이라도 벗어나게 해준다고 경문에서 이야기하고 있기 때문입니다.

또한 천태대사 지의(智顗, 538-597)는 이 일품에 주해를 달면서 단독으로 유통할 것을 제의하셨습니다. 『법화문구(法華文句)』에 의하면, "이 품은 당도의 왕경〔此品當途王經〕이다."라고 하였는데, 이 품은 도로의 요지이고, 가장 존귀한 경이라는 뜻으로 「보문품」이 『법화경』 유통을 권장하는 가장 중요한 경이라는 뜻을 강조하고 있습니다.

불교에서 매우 중요한 것이 바로 신해행증(信解行證)입니다. 부처님의 가르침을 믿고, 이해하고, 실천하는, 이 세 가지를 바탕으로 궁극적으로 열반의 세계를 증득하는 것을 뜻합니다. 「보문품」은 우리에게 이렇게 이야기합니다. 이 경문을 그대로 믿고 따르는 불자를 최고 깨달음의 경지로 이끌어 두려움 없는 삶에 들어가게 하려는 것이라고. 달리 말해서 경문에서 설하고 있는 관세음보살의 묘지력(妙智力)과 보살의 중생구제(衆生救濟)의 활동을 믿고 의지하여 우리 불자들에게 어떻게 살아가야 하는지를 알려주고 있는 것입니다.

「보문품」의 내용을 공부하기에 앞서 먼저 전체적인 구조를 살펴보는 것이 공부에는 많은 도움이 됩니다.

「보문품」은 산문으로 된 장행(長行)과 운문으로 된 게송(偈頌)이 있으며, 장행에서는 석가모니 부처님과 무진의보살의 두 번의 문답이 설해지고 있습니다. 하나는 보살의 명호(名號)에 대한 인연을 묻는 것이고, 하나는 관세음보살께서 사바세계에 홍법(弘法)·교화(敎化)하는 인연을 묻는 것입니다. 그리고 장행에서 석가모니 부처님과 무진의보살 사이에 오고간 첫 번째 문답과 두 번째 문답이 있는 까닭에 게송에서도 그 문답에 운을 맞추어 거듭 그 내용을 찬탄하고 있습니다. 이것을 이른바 응송(應頌)이라고 합니다. 여기서 잠깐 무진의보살에 대해서 살펴보겠습니다.

무진의보살(無盡意菩薩)은 동방 불현(不眴)세계 보현여래의 협시보살입니다. 불현세계는 성문과 연각은 존재하지 않고 보살만 있는 정토의 세계입니다. 『법화경』에서 보현여래는 석가모니 부처님의 명에 의하여 사바세계로 내려와 영축산 법화회상에서 석가모니 부처님의 교화를 돕고 있습니다. 따라서 무진의보살 또한 이 사바세계에서 부처님을 도와 중생을 제도하는 것이며, 중생들을 위하여 관세음보살의 인연(因緣)에 대해서 부처님께 여쭙는 것입니다. 특히 '무진의(無盡意)'는 다함이 없으며 무량무변(無量無邊)하다는 의미로서 보살의 대자비의 서원 또한 다함이 없음을 드러내어 중생구제를 실현하고자 함을 밝히는 것으로 이해할 수 있습니다.

　이어서 「보문품」의 끝부분에서 다시 장행이 계속되면서 지지보살(持地菩薩)이 관세음보살의 대비를 듣고 감격하고 청법대중들이 「보문품」을 들은 공덕으로 모두 깨달음을 얻고자 발원하는 것으로 경전은 끝을 맺고 있습니다.

　지지보살은 인도의 지신(地神)으로 인도신화에 나오는 프리티비(Prthivi)가 불교에 수용된 것입니다. 본래 인도신화에서 만물을 품고 키워주는 자애로운 어머니 같은 신으로 등장하며 지모신(地母神)으로도 불리기도 합니다. 이 신이 불교에 수용되면서 호법신중의 하나로 자리 잡았으며 『아함경』 등 여러 경전에 나오기도 합니다.

　특히 석가모니 부처님의 성도(成道)를 증명한 일화가 잘 알려져 있습니다. 부처님께서 깨달음을 이루자 마왕의 무리가 그 증거를 요구합니다. 이 때 부처님께서 오른손을 대지에 대시니 지신이 땅속에서 나와서 "내가 증인이다"라고 하였습니다. 지지보살은 불교에 수용된 뒤 부처님에게 설법을 부탁하고 부처의 말씀을 따르는 신으로 자리 잡게 되었습니다.

　「보문품」의 끝부분에 지지보살이 등장한다는 것은 부처님의 성도를 증명한 것처럼 「보문품」에 설해진 관세음보살의 위신력과 중생구제의 자비행이 명백하다는 것을 보여주는 것이라고 저는 생각합니다.

이제 산문의 내용을 자세히 살펴보려고 합니다.

산문에서 무진의보살이 부처님께 "세존이시여, 관세음보살은 어떠한 인연으로 관세음이라 합니까?"라고 묻자, 부처님께서 이렇게 말씀하십니다.

"선남자야, 만일 한량없는 백천만억의 중생이 갖가지 괴로움을 당할 적에 이 관세음보살의 이름을 듣고, 한마음으로 그 이름을 부르면 관세음보살이 곧 그 음성을 관하여 모두 괴로움에서 벗어나게 하느니라."

이후 부처님께서는 차례대로 어떻게 하면 우리 중생들이 겪는 일곱 가지 재난과 삼독을 벗어날 수 있으며 아이를 얻는 공덕을 말씀해 주십니다. 그리고 관세음보살의 이름을 불러 한 때만이라도 예배하여 공양을 하면 끝없는 공덕을 쌓게 되며, 끝없는 복덕을 얻을 수 있다고 말씀해 주십니다.

무진의보살과 부처님과의 첫 번째 문답으로 관세음보살을 한마음으로 부르는 행위에 의해 중생이 겪는 일곱 가지 어려움에서 벗어날 수 있다는 것과 탐·진·치 삼독은 항상 관세음보살을 마음속에서 간직하고 잊지 않는 행위에 의해 떨쳐버릴 수 있어 결국에는 부처의 마음에 이를 수 있다는 것을 알려주고 있습니다. 또한 관세음보살을 예배하고 공양하는 겸허한 생활에 의해 아이를 얻을 수 있는 인생의 행복을 우리에게 전하고 있습니다. 이 첫 번째 문답은 관음신앙의 중요한 신행활동의 세 가지를 말하고 있습니다. 바로 일심칭명(一心稱名), 상념공경(常念恭敬), 예배공양(禮拜供養)인 것입니다.

　두 번째 문답에서는 관세음보살이 이 사바세계에서 어떻게 중생을 제도하는가를 보여주고 있습니다. 이른바 33응신(應身) 19설법(說法)으로 관세음보살이 중생이 원하든 그렇지 않든 중생이 있는 곳은 어디라도 나타나 중생을 구제한다는 것입니다. 33응신이란 33가지의 응화신(應化身)이라는 것이며, 19설법은 열아홉 군데에 설법이란 글자가 있기 때문입니다. 관세음보살의 33응신은 시공을 초월하여 어떠한 모습으로든 자재하게 나타나 중생을 구제하는 관세음보살의 대비행(大悲行)를 말합니다. 이것은 바로 관세음보살의 시현(示顯)은 진리 그 자체임을 말하는 것으로 바로 관음신앙의 유구함이 담겨 있는 것입니다.

　석가모니 부처님과 무진의보살의 두 번의 문답이 끝나면 운문인 게송이 이어집니다. 부처님께서 무진의보살에게 관세음보살의 크나큰 서원과 보살행을 아름다운 게송으로 설하시는 대목입니다. 게송은 장행의 내용을 운율에 맞게 재구성한 것으로 한 줄에 다섯 자씩 한 귀를 이루고 있습니다. 「보문품」의 게송은 「여래수량품」의 자아게, 「법화경 약찬게」와 「법성게」 등과 함께 경전에 있는 게송 중에서 손꼽히는 아주 중요하고 유명한 게송입니다.

앞의 산문에서 풀이한 내용과 크게 다르지 않지만 반복하는 것도 있고 새로운 이야기가 등장하기도 합니다. 예를 들어 산문에서는 7난인 데 비해 12난으로부터 해탈이 설해집니다. 「보문품」 전체의 내용뿐만 아니라 관음신앙의 정수가 이 게송에 압축되어 있다고 할 수 있습니다.

게송이 끝나면 지지보살이 다시 한 번 부처님께 나아가 말씀드립니다.

마지막 산문은 문품득익(門品得益)의 공덕을 이야기하는 것으로 지지보살이 자리에서 일어나 부처님 앞에 나아가 "세존이시여, 만일 어떤 중생이 이 「관세음보살품」의 자재하신 일과 넓은 문으로 나타내시는 신통의 힘을 듣는 이가 있으면 이 사람의 공덕은 적지 아니한 것을 알 수 있겠습니다"라고 말씀드리자 부처님께서 이 「보문품」을 설하실 때에 팔만 사천 중생들이 모두 견줄 수 없는 최상의 깨달음에 대한 마음을 낸다면서 경전은 끝을 맺고 있습니다. 여기서 '최상의 깨달음'은 '무상정등정각(無上正等正覺)'을 풀이한 것으로 '가장 높고 완전한 깨달음'이란 뜻이니 바로 부처님의 지혜를 말하는 것입니다. 「보문품」을 듣는 것만으로도 공덕이 크다고 하는데 문법(聞法) 대중들은 부처님의 지혜를 얻겠다고 발원을 하고 있는 것입니다.

『열반경』에 의하면, "발심과 궁극은 다르지 않으나 두 마음 중 앞의 마음이 어렵다"고 합니다. 즉 「보문품」은 관세음보살의 인연을 설하며 궁극에는 중생의 발원을 제시하고 있는 것입니다.

누구든지 험한 세상을 살아가는 동안에 불보살님을 의지하지 않고는 견디기 힘든 경우를 만나게 됩니다. 「보문품」에서는 그렇듯 힘겨운 상황에서 의지할 것을 상세하게 풀어주고 있는데, 그 내용을 깊이 들어가 보면 그 이치가 매우 과학적이고 합리적입니다. 단순히 맹목적인 신앙이 결코 아닙니다.

또한 「보문품」을 듣는 것만으로도 공덕이 큽니다. 아울러 일심으로 기도하면 누구든지 그 이치를 깨달을 수 있다는 것과 우리 불자들에게 부처님과 같은 지혜를 얻고자 하는 발원을 해야 한다는 것을 일러주고 있습니다.

「보문품」은 중생이 현실에서 겪게 되는 고난의 여러 가지 모습을 열거하고 중생으로 하여금 번뇌를 벗어나 해탈케 하는 관세음보살의 구제상(救濟相)을 보여주고 있습니다. 이것은 어쩔수없이 당면하는 당시의 재난을 열거한 것이라고 할 수 있습니다. 하지만 중요한 것은 그와 비슷한 사고와 재난이 오늘날의 현대 사회와 우리 주변에서도 끊임없이 발생하고 있다는 것입니다.

그렇다면 오늘날 우리 불자님들에게 아직도 관세음보살이

절실하게 필요한 이유가 자명해집니다. 과연 어떻게 하여야만 중생이 관세음보살로부터 구제를 받을 수 있겠습니까? 이에 「보문품」에는 중생에게 일어날 수 있는 모든 고통을 제도하는 방법이 단 하나로 명시되어 있습니다. 즉 어떠한 종류의 고통을 겪게 되더라도 경전에 의거한 구원의 방법은 오직 '일심칭명(一心稱名)'입니다. 이것은 관세음보살의 명호에 재난을 면하고 구원을 받을 수 있는 위신력이 있다고 믿기 때문입니다. 즉 중생이 고통에서 벗어나고자 한다면 바로 관세음보살의 명호 그 다섯 글자를 일심으로 부르는 것입니다.

　여기서 명확하게 인식되어야 하는 것은 관세음보살은 중생의 모든 고통을 다 끊어줄 수 있는 능력을 보일 수 있지만, 한 치의 의심도 하지 않고 일심으로 하여야 합니다. 즉 "그러므로 언제나 생각하여 잠시라도 의심을 하지 말라(是故須常念 念念勿生疑)"라는 뜻이 함의(含意)된 것을 잊지 말아야 합니다.

　일반적으로 관세음보살을 일심으로 부르면 개인적 소원을 이룬다거나 재난을 면할 수 있는 것만을 떠올릴 수 있으나, 「보문품」에는 명확하게 불교의 궁극적 목적인 해탈을 이룰 수 있음을 설해 놓은 것을 상기하여야 할 것입니다. 이 또한 바로 관음신앙의 중요한 요체가 되기 때문입니다.

觀世音菩薩普門品

관세음보살보문품

1. 무진의보살(無盡意菩薩)의 부기문(赴機問)

〈한역 원문〉

爾時　無盡意菩薩　卽從座起　偏袒右肩　合掌向佛
이시　무진의보살　즉종좌기　편단우견　합장향불

而作是言　世尊　觀世音菩薩　以何因緣　名觀世音
이작시언　세존　관세음보살　이하인연　명관세음

〈한글 번역〉

　그때 무진의보살(無盡意菩薩)이 곧 자리에서 일어나 오른쪽 어깨를 드러내고 부처님을 향해 합장하고 이렇게 말하였습니다.

　"세존이시여, 관세음보살은 어떠한 인연으로 관세음이라 합니까?"

〈강의〉

　「관세음보살보문품」(이하 보문품)의 시작은 무진의보살의 부기문(赴機問)에서 출발합니다. 부기문은 청법대중(聽法大衆)을

깨우쳐 주고자 하는 질문입니다. 「보문품」에서 질문자인 무진
의보살은 관세음보살의 존재를 모르는 것이 아니라 그 자리
에 모인 청법대중을 위해서 석가모니 부처님께 관세음보살에
대하여 여쭙는 것입니다.

관세음보살의 관세음(觀世音)은 범어(梵語) '아발로키테슈와
라(Avalokiteśvara)'의 뜻을 한자로 옮긴 말입니다. 관세음(觀世
音), 광세음(光世音), 관자재(觀自在), 구세보살(救世普薩)로도
옮기며 시무외자(施無畏者) 혹은 대비성자(大悲聖者)라고도 옮
깁니다. 관세음은 세상의 모든 소리를 살펴본다는 뜻이고, 관
자재는 세상의 모든 것을 자재롭게 관조한다는 뜻입니다. 『반
야심경』에서는 관자재보살로 널리 알려져 있으나 우리나라에
서는 일찍부터 관세음보살로 신앙되어 왔습니다. 또한 우리
나라는 관음신앙이 오랫동안 내려와서 삶의 일부가 되었기
때문에 특별히 관세음보살을 섬기고 위하며, 공양하고 찬탄
하면서 기도를 올리고 있습니다.

〈한역 원문〉

佛告 無盡意菩薩 善男子 若有無量 百千萬億衆
불고 무진의보살 선남자 약유무량 백천만억중

生 受諸苦惱 聞是觀世音菩薩 一心稱名
생 수제고뇌 문시관세음보살 일심칭명

觀世音菩薩　卽時觀其音聲　皆得解脫
관세음보살　즉시관기음성　개득해탈

〈한글 번역〉

부처님께서 무진의보살에게 말씀하셨습니다.

"선남자야, 만일 한량없는 백천만억의 중생이 갖가지 괴로움[苦惱]을 당할 적에 이 관세음보살의 이름을 듣고, 한마음[一心]으로 그 이름[名號]을 부르면 관세음보살이 곧 그 음성을 관(觀)하여 모두 괴로움에서 벗어나게[解脫] 하느니라.

〈강의〉

부처님께서 관세음보살의 칭명공덕(稱名功德)을 총체적으로 답변하는 부분입니다.

불교는 행복을 추구하는 종교입니다. 마음의 고통이든 육체의 고통이든 간에 온갖 고통을 떠나서 즐거움을 얻는 것이 불교의 목적입니다. 이런 온갖 고통을 받을 때 관세음보살의 이름을 일심(一心)으로 일컬으면 관세음보살이 그 음성을 잘 살펴서 모든 고통에서 벗어나게 해 준다고 부처님께서 말씀하고 계십니다. 관세음보살이 우리의 음성을 살펴서 고통에서 벗어나게 해 주시는 까닭에 우리는 관세음보살을 생각할 때 우선은 밖에 계신 관세음보살을 먼저 떠올리게 됩니다. 그곳이 보타락가산인지 관음도량인지 정확하게 알 수는 없지만 일단 나 아닌 다른 곳에 계시는 관세음보살님을 떠올리고 의지하게 됩니다.

중국의 소동파가 불인 선사(佛印禪師)에게 물었습니다.

"염불하는 사람은 염주를 돌리고 관세음보살을 생각한다고 하지만 관세음보살도 염주를 들고 앉아 있는 관음보살상이 있으니 그 관세음보살은 무엇을 생각하며 누구를 생각하고 있는 것입니까?"

불인 선사가 이렇게 대답합니다.

"관세음보살은 남에게서 구하려는 것이 아니오. 자기 자신 가운데서 구하는 것이므로 관음보살상은 자기 관음을 생각하는 것이오."

이렇게 보는 것이 바로 보는 것입니다. 관세음보살은 나의 내면에 있기도 하기 때문입니다. 안과 밖이 둘이면서도 둘이 아닌 까닭에 관세음보살은 먼 바다 한가운데에 있는 보타락가산에 계시기도 하고 동시에 내 안에 계시기도 합니다. 선가(禪家)에서 이르기를 자성을 깨달으면 바로 부처이고 자비심이 관세음보살이니 관세음보살을 밖으로만 구할 것이 아니라 내 안의 관세음보살을 찾아 우리가 관세음보살처럼 어려운 이를 돕는 보살이 되어야 하는 것입니다.

모든 것이 내 마음 안에 있으면서도 또 바깥 세상에 있기도 하고, 바깥 세상에 있으면서 또한 내 마음 안에 있습니다. 관세음보살님도 마찬가지입니다. 내 안에 계신 관세음보살과 밖에 계신 관세음보살이 둘이 아닌 경지만 제대로 이해해도 불교의 이치를 깊이 이해하는 것입니다.

어려움에 부딪혔을 때 나도 모르게 관세음보살님의 명호를 부르게 될 정도로 우리나라에서 관음신앙은 가장 대중적이며 일반화되었습니다.

불교의 수행법은 참선이나 위빠사나와 같이 묵묵히 안으로 하는 수행법이 있는가 하면, 법당에서 목탁을 치면서 부처님의 명호를 부르거나 보살의 명호를 일컫는 수행법도 있습니다. 이렇게 불보살님의 명호를 부르는 것을 염불(念佛)이라고 합니다. 대승불교는 자력으로 무명을 타파하기 어려운 범부들이 구제받을 수 있도록 염불문(念佛門)을 열어 놓았습니다. 여기에 대승불교의 사상적 발전은 기존의 부처님의 관념에 많은 변화를 초래하였으며 이에 불보살이 증가하면서 다양한 불보살에 대한 신앙형태가 나타나게 되었습니다.

염불은 부처님을 마음속에 억념(憶念)하여 잊지 않고 간직하려는 의식화 작용으로 볼 수 있으며 염불신앙은 불보살의 본원력과 가피력에 대한 믿음에서 출발하였다고 볼 수 있습니다.

관세음보살님은 과거 오랜 옛날 이미 성불하여 정법명왕여래(正法明王如來)로 계시다가 중생들을 제도하기 위하여 보살의 몸으로 시현하여 다음과 같이 서원하셨습니다.

"중생을 다 제도하지 못하면 서원하되 자신만의 부처를 이루지 않겠다."

관세음보살은 또한 음성으로 교체(敎體)가 된 이 사바세계(娑婆世界)에 중생과 더욱 인연이 깊기 때문에 중생들이 지극한 마음으로 관세음보살의 명호와 경문을 외우고 생각하게 되면 감응(感應)을 입지 않는 중생이 없을 정도입니다. 따라서 관세음보살의 감응을 얻고자 하는 범부 중생은 한갓 입으로만 관세음보살을 부르고 마음 깊이 새겨 억념하지 않으면 아무 공덕도 성취할 수가 없는 것입니다.

그러므로 관세음보살을 신념(信念)하는 불자는 자신이 먼저 자비심을 가지고 스스로 자기 마음을 관세음보살과 같이 실행하려는 염원으로써 자기 관음을 자신 가운데서 찾는 데 노력해야만 합니다.

모든 재앙과 환난은 밖에 있는 것이 아니라 모두가 다 내 마음 가운데 있는 것이니 그러한 까닭으로 "내 마음 가운데 남을 해칠 생각이 없으면, 곧 철산지옥이 소멸될 것이오. 내 마음 가운데 참독(慘毒)한 마음이 없으면 곧 화탕지옥이 소멸될 것이오. 내 마음 가운데 음탕하고 부정한 마음이 없으면 모든 지옥의 고통이 소멸될 것이오. 내 마음 가운데 질투하고 인색하며 간탐(慳貪)하는 마음이 없으면 곧 아귀도가 소멸될 것이오. 내 마음 가운데 남을 멸시하고 교만한 마음이 없으면 곧 수라도가 소멸될 것이오. 내 마음 가운데 간악하고 불량한 마음이 없으면 곧 축생도가 소멸할 것이오."

관세음보살의 이름을 듣고 비방하지 않고 간절히 호념(護念)하고 부르면 곧 내 마음에 선근(善根)을 심는 것이 됩니다. 관세음보살의 명호를 염하는 것을 관음기도(觀音祈禱)라 하고, 관음정근(觀音精勤)이라고도 합니다. 정근은 착한 법을 더욱 자라게 하고 악한 법을 여의고자 부지런히 쉼 없이 수행하는 것을 의미합니다. 따라서 내 자성 가운데 있는 관세음보살이 온 우주 안에 가득 차 있는 관세음보살과 함께하여 비로소 흉한 일은 피하게 되고 좋은 일로 나아가게 되는 것입니다.

2. 구업(口業)을 통한 일곱 가지 재난의 해탈

〈한역 원문〉

若有持是觀世音菩薩名者　設入大火　火不能
약유지시관세음보살명자　설입대화　화불능

燒　由是菩薩　威神力故　若爲大水所漂　稱其名
소　유시보살　위신력고　약위대수소표　칭기명

號　卽得淺處　若有百千萬億衆生　爲求金銀　琉璃
호　즉득천처　약유백천만억중생　위구금은　유리

硨磲　瑪瑙　珊瑚　琥珀　眞珠等寶　入於大海　假使
자거　마노　산호　호박　진주등보　입어대해　가사

黑風　吹其船舫　漂墮羅刹鬼國　其中若有　乃至一
흑풍　취기선방　표타나찰귀국　기중약유　내지일

人　稱觀世音菩薩名者　是諸人等　皆得解脫　羅刹
인　칭관세음보살명자　시제인등　개득해탈　나찰

之難　以是因緣　名觀世音
지난　이시인연　명관세음

〈한글 번역〉

만약 어떤 사람이 이 관세음보살의 이름을 지니는 이는 큰 불속에 들어가더라도 불이 능히 그를 태우지 못할 것이니 이것은 이 보살의 위신력(威神力) 때문이니라. 만약 큰물에 떠내려 가더라도 그 이름을 부르면 곧 얕은 곳에 닿게 되며, 만약 백천만억 중생이 금·은·유리·자거·마노·산호·호박·진주 등 보배를 구하기 위해 큰 바다에 들어갔을 때에 설사 큰 흑풍(黑風)을 만나 그 배가 표류하다가 나찰 귀신들의 나라에 닿을지라도 그 가운데 한 사람이라도 관세음보살 이름을 부르는 이가 있으면 다른 모든 사람들도 나찰 귀신들의 재난[羅刹之難]을 벗어나게 될 것이니, 이러한 인연으로 관세음이라 하느니라.

〈강의〉

이제 우리가 경전을 접하게 될 때 어떻게 이해하고 받아들여야 하는지를 말씀드리고자 합니다.

경전은 두 가지 방법으로 이해하셔야 합니다. 바로 사석(事釋)과 이석(理釋)입니다. 간략히 말씀드리면 사석은 경문(經文) 그대로 이해하는 것으로 눈으로 읽혀지는 대로 받아들이는 것입니다. 반면 이석은 경전이 담고 있는 숨은 뜻을 찾아서 이해하는 것입니다. 즉 사실상의 해석이 아니라 우리들의 마음속으로, 심리적 이치적으로 해석해야 한다는 것입니다.

즉 심안(心眼)의 눈으로 관심석(觀心釋)의 마음으로 경전을 읽고 그 뜻을 새겨야 부처님의 말씀을 제대로 이해하고 화도 피할 수 있고 복도 일으킬 수 있으며 그 가르침을 제대로 실천할 수 있는 것입니다.

일곱 가지 재난 가운데 불과 물, 바람의 재난을 먼저 이야기하고 있는데 그 중에서 불의 재난이 가장 앞부분에 위치하고 있습니다. 왜 그럴까요? 삼계화택(三界火宅)이라 하지 않았습니까? 번뇌가 그칠 사이 없는 중생세계가 마치 불이 활활 타오르고 있는 집과 같다는 뜻에서 괴로움이 가득 찬 현실세계를 삼계화택이라 『법화경』과 「수심결(修心訣)」에서 이야기하고 있습니다. 무엇보다도 우리가 살아가면서 불의 재난이 가장 무섭고 위험하기에 「보문품」에서도 제일 먼저 다루고자 했던 것입니다.

앞에서 관세음보살은 우리의 내면에도 계시고 바깥에도 계신다고 했습니다. 그와 같이 「보문품」에서 이야기하고자 하는 불도 우리 안에도 있고 밖에도 있습니다.

흔히 분노를 불에다 비유하기도 합니다. 한 번 생각해 보시기 바랍니다. 내가 몹시 화가 났을 때의 모습을 말입니다. 실제 화가 잔뜩 난 사람의 얼굴은 벌겋게 달아오른 모양이 뜨거운 불을 연상시킵니다. 마음이 분노의 불길로 타오를 때면 입으로 거친 말들을 쏟아 내면서 그 사람을 해치고자 하는 생각이 들며, 이를 참지 못하게 되면 결국 저질러서는 안 될 일을 저지르고 맙니다. 또한 중요한 것은 화를 낼 때 제일 먼저 다치는 이는 바로 자신입니다. 매우 간단한 이치입니다. 칼집에서 칼을 빼내려고 할 때 제일 먼저 칼집이 베이는 것처럼, 자신의 화를 참지 못하면 화의 칼날이 자기 자신 먼저 찌르는 이치입니다. 화의 기운이 잠시 가라앉을 때 우리는 가슴을 치고 후회를 합니다. '내가 왜 그랬을까?' 하며 깊은 한 숨을 내쉬게 됩니다. 하지만 화가 치밀어 오를 때 "나무 관세음보살" 하고 부르면서 자기 자신을 누르고 달래면서 관세음보살님께 의지해 보십시오. 관세음보살의 명호를 부르는 것만으로 분노가 사라지는 기적이 일어납니다. 아마 우리 불자님들께서는 고개를 끄덕이실 겁니다.

문수보살께서 말씀하셨습니다.

"성 안 내는 그 얼굴이 참다운 공양구요,
부드러운 말 한마디 미묘한 향이로다.
깨끗해 티가 없는 진실한 그 마음이
언제나 변함없는 부처님 마음일세."

제가 좋아하는 경문 중의 하나입니다.

이제 실제 우리의 눈앞에 펼쳐진 화마에 대해서 생각해 보고자 합니다. 불은 실로 대단히 무섭습니다. 화마가 할퀴고

간 지역은 순식간에 모든 것이 송두리째 없어지고 맙니다. 하지만 화재가 나서 불 속에 갇히더라도 관세음보살과 내가 하나가 되는 마음으로 그 명호를 부르면 불가사의한 힘이 생겨서 불이 나를 태우지 못하게 되기도 합니다. 그 이유는 갑작스런 불을 접하고 두렵고 당황해서 허둥지둥하지 않으면 마음에 평정이 유지되고 불의 재난에서 헤어날 길이 보이게 됩니다.

재난에서 구해주는 그 힘이 관세음보살의 가피력인지 아니면 내 내면의 어떤 능력이 발휘된 것인지는 알 수 없더라도 염피관음력(念彼觀音力) 즉 관세음보살을 염하는 힘으로 불길에서 벗어나게 됩니다. 다시 말해서 외부의 관세음보살과 내부의 관세음보살이 둘이면서 둘이 아닌 경지에 이르러 그 힘으로 가능해집니다. 관세음보살의 위신력임과 동시에 관세음보살을 부르는 그 힘으로 설사 온 천지가 활활 타더라도 불길이 해를 끼치지 못하게 됩니다.

우리가 살아가는 이 사바세계, 즉 삼계화택도 마찬가지입니다. 관세음보살을 염하는 힘으로 훨훨 타오르는 불길 속에서도 화마의 재난을 벗어날 수 있게 되는 것입니다. 불자 여러분께서는 이 경전의 말씀을 꼭 잊지 않으셔야 합니다.

일곱 가지의 재난 중에서 「보문품」은 이제 두 번째로 물의 재난을 이야기합니다.

제가 초등학교 때 물에 빠진 경험이 있습니다. 여름방학을 맞아 부모님과 함께 절에 기도하러 간 적이 있습니다. 그때 같이 간 사촌들과 함께 북한강과 남한강이 만나는 지역에서 수영을 하다 사촌을 구하러 들어갔다가 함께 빠진 적이 있었습니다. 세 번 정도 물을 크게 먹고는 그 어린 나이에도 '이제는 죽는구나' 싶을 때 낚시를 하던 어른이 저희를 발견하고 구해준 적이 있습니다. 이 말씀을 드리는 이유는 물의 재난은 화난보다는 그나마 덜 위험하다는 말씀을 드리고자 하기 위해서입니다.

정토경전에 의하면 인간이 임종을 맞이할 때 현생의 지은 업이 큰불로 다가와 덮친다고 합니다. 정말 순식간에 한마디도 하지 못하고 생을 마치게 된다고 합니다. 불은 그만큼 무섭습니다. 이에 비하면 물은 그나마 나은 편이기에 불의 재난에 이어서 「보문품」에서 다루고자 한 것으로 생각됩니다.

「보문품」은 이야기합니다. 만약 큰물에 떠내려가더라도 관세음보살의 이름을 일심으로 일컬으면 곧 얕은 곳에 닿게 된다고 했습니다.

물도 외부의 물과 내면의 물로 구분할 수 있습니다. 보통 애욕(愛慾)을 물에 비유합니다. 중생이 친애(親愛)하는 것에 대한 집착에서 벗어나지 못함을 비유하여 '애욕의 바다'에 빠져 헤어나기 어렵다는 뜻으로 애욕해(愛欲海)라고 하는데 이는 결국 고해(苦海)와 같은 말로 쓰이기도 합니다.

우리가 어떤 대상을 보고 탐내는 마음이 일어나더라도 관세음보살의 명호를 일심으로 부르면 애욕의 거센 물결에 휩쓸리지 않고 벗어날 수 있습니다. 또 실제로 큰 비가 오거나 혹은 바다에 가거나 해서 물에 떠내려가게 될 수 있습니다. 그렇다 하더라도 관세음보살을 일심으로 부르면 벗어날 길이 열립니다.

불의 재난과도 마찬가지입니다. 관세음보살의 가피력인지 아니면 자기 내면의 어떤 능력이 발휘된 것인지는 모르더라도 염피관음력, 즉 관세음보살을 염하는 힘으로 애욕의 물과 목숨을 앗아가는 물의 재난에서 벗어나게 됩니다. 바로 우주 삼라만상이 모두 나와 혼연일체가 될 정도로 그렇게 일심으로 관세음보살 찾으면 거기에서 불가사의한 힘이 생깁니다. 관세음보살의 위신력과 우리 불자님의 관세음보살을 부르는 그 힘으로 문제를 해결할 방법이 나타납니다.

중요한 것은 일심불란(一心不亂)입니다. 관세음보살과 내가 하나가 되도록 온 마음을 다해서 부르는 것이 중요합니다. 물론 일심불란, 즉 오직 한 가지 일에만 정신을 쏟는다는 것은 쉽지 않습니다. 하지만 급박한 상황 속에서도 반드시 이루어져야 하며 그렇게 하여야만 기적이 일어나는 것입니다. 전혀 불가능한 것이 아닙니다. 항상 관세음보살을 생각하고 그 명호를 늘 부른다면 안 될 일도 아니며 관세음보살을 염하는 힘이 더욱 굳세어져 못 이루어낼 것이 없기 때문입니다.

세 번째로 바람의 재난에서 벗어나게 됩니다. 경문에서 중생이 보배를 구하려고 큰 바다에 들어갔다가 폭풍을 만나 표류하다가 나찰 귀신의 나라에 닿게 되었을지라도 그 재난에서 벗어나게 된다고 했습니다. 나찰 귀신이 언급되어 있지만 「보문품」에서 이 부분은 풍난(風難) 즉 바람의 재난에 해당합니다.

바람도 외부의 바람과 내면의 바람으로 구분할 수 있습니다. 우리는 살면서 정신을 못 차릴 정도의 거센 바람을 맞이할 수 있습니다. 실직과 경제적 어려움, 병마의 위험과 온갖 질병의 위협도 우리들의 삶에 몰아치는 거센 바람과도 같습니다. 또한 어떤 대상을 보고 탐내는 마음이 내 마음속에서 거칠게 일어난다면 큰 죄를 짓는 것과 같습니다.

이때 우리 불자들은 관세음보살의 명호를 일심으로 부르면서 거센 바람에 휩쓸리지 않도록 하여야 할 것입니다. 반면에 실제로 큰 비가 오거나 혹은 바다에 가거나 해서 물에 떠내려가게 될 수 있습니다.

이 대목에서 유의할 것이 있는데, 많은 사람이 한 배를 탔더라도 그 가운데 한 사람이라도 관세음보살의 이름을 일컬으면 다른 사람도 함께 재난을 면하게 된다고 했습니다. 과연 경에 쓰여진 내용을 그대로 믿어야 할까요? 그러나 참으로 철저히 믿는 마음자세가 있어야 제대로 관음신앙을 가진 사람이라고 할 수 있습니다. '만연도방하(萬緣都放下) 단념관세음 (但念觀世音)' 즉 온갖 인연을 다 떨쳐버리고 오직 관세음보살 만 생각하여야 합니다. 그렇게 하면 됩니다.

　지금까지 일곱 가지 재난 가운데 불과 물, 바람의 재난을 말씀드렸습니다. 이와 관련된 중요한 이야기를 하나 들려 드리고자 합니다.

　옛날에 이고(李翺)라는 선비가 약산 유엄(藥山惟儼) 선사에 게 물었습니다.
　"어떠한 것이 흑풍에 배를 밀어서 나찰귀의 나라에 떨어뜨리는 것입니까?"
　유엄 선사는 천천히 음성을 가다듬어 이렇게 말하기 시작하였습니다.
　"이고여, 그대와 같이 어리석은 소인이 어찌 이것을 물으며 또 이것을 알아서 무엇 하려는 것인가! 그대가 모르는 것을 내가 가르쳐준들 그대가 알 수 있겠는가."
　결국에는 크게 고함을 치며 이고를 꾸짖게 된 무척이나 당황스러운 상황이 벌어지고 말았습니다. 영문도 모른 채 뜻밖에도 멸시당하고 공격을 받은 이고는 불같은 성질이 벌컥 일어나서 얼굴빛이 붉으락푸르락하며 "선사의 말버릇이 그게 무엇이냐?"라고 하면서 주먹을 휘두르며 대들었습니다.

이 때 유엄 선사가 크게 웃으면서 말하기를, "이렇게 선생이 성이 나서 진심을 일으키고 대드는 것이 곧 흑풍이 일어나서 배를 떠밀어 나찰귀의 나라에 떨어뜨리게 하는 것입니다."

이고는 그제야 껄껄 웃으면서, "또 선사에게 속았구려!" 하며 크게 깨우친 바가 있어 다시 말하기를, "참으로 선사께서는 사람을 실제 현상으로써 잘 계몽시키는 선지식이십니다."라고 하였다고 합니다.

좀처럼 믿기 어려운 경문의 내용을 우리가 실제 생활하면서 겪을 수 있는 적절한 비유를 들어, 한번 듣게 되면 절대 잊어버릴 수 없도록 만든 선사의 지혜가 돋보이는 일화입니다.

이 일화가 남의 일이라고 생각하는 불자님들은 한 명도 없을 것입니다. 부부관계, 자식, 직장동료 등 우리는 많은 이들과 함께 살아갈 수밖에 없으며, 이와 같은 관계 속에서 자기 자신도 순간 제어할 수 없을 정도로 화가 치밀어 오를 수 있습니다. 그때마다 관음행자(觀音行者)라면 "나무 관세음보살" 하셔야 합니다. 바로 그렇게 하면 내 마음 가운데 관세음보살이 자리해 화를 면할 수가 있습니다. 매우 중요한 것입니다. 언제라도 항시 관세음보살의 명호를 찾으시기 바랍니다.

〈한역 원문〉

若復有人　臨當被害　稱觀世音菩薩名者　彼所執
약부유인　임당피해　칭관세음보살명자　피소집

刀杖　尋段段壞　而得解脫　若三千大千國土　滿中
도장　심단단괴　이득해탈　약삼천대천국토　만중

夜叉羅刹　欲來惱人　聞其稱觀世音菩薩名者　是
야차나찰　욕구뇌인　문기칭관세음보살명자　시

諸惡鬼　尚不能以惡眼視之　況復加害　設復有人
제악귀　상불능이악안시지　황부가해　설부유인

若有罪　若無罪　杻械枷鎖　檢繫其身　稱觀世音菩
약유죄　약무죄　추계가쇄　검계기신　칭관세음보

薩名者　皆悉斷壞　卽得解脫
살명자　개실단괴　즉득해탈

〈한글 번역〉

　만약 또 어떤 사람이 해를 입게 되었을 때 관세음보살의 이름을 부르면 저들이 가진 칼과 몽둥이가 조각조각 부서져 위험에서 벗어남을 얻을 것이니라. 만약 삼천대천세계에 가득 찬 야차와 나찰들이 와서 괴롭히려 하다가도 그 사람이 관세음보살의 이름을 부르는 것을 들으면 저 모든 악귀들이 감히 악한 눈으로 쳐다보지도 못하거늘 하물며 어찌 해칠 수가 있겠는가. 설사 어떤 사람이 죄가 있거나 죄가 없거나 간에 수갑과 족쇄와 칼과 쇠사슬이 그 몸을 속박하더라도 관세음보살의 이름을 부르면 모두 끊어지고 부서져서 벗어나게 되느니라.

〈강의〉

네 번째는 도장난(刀杖難), 즉 칼과 몽둥이의 재난에 대한 이야기입니다.

관세음보살은 육근(六根)을 돌이켜 원통(圓通)해서 소리 티끌 즉 성진(聲塵)에 걸리지 않는 공덕으로써 중생을 대하는 까닭으로 중생이 칼이나 몽둥이에 맞더라도 물을 베고 빛을 치는 것과 같아서 상처를 받지 않는 가피를 베푸는 것입니다.

불가에 '번뇌 즉 보리'라는 말이 있습니다. 번뇌도 일전(一轉)해서 깨달으면 곧 지혜가 되는 것입니다.

앞의 이고와 유엄 선사의 일화에서 도장난과 관련해서 이렇게 생각해 볼 수도 있습니다. 우리 중생들은 살면서 가시 돋친 말, 거친 말, 생전 들어보지도 못한 말을 듣게 되는 경우가 간혹 생기게 됩니다. 그렇게 되면 대부분의 사람들은 어떻게 하면 더 심한 말로 되갚아 줄까를 궁리해서 결국에는 큰 싸움이 나거나 서로에게 마음의 생채기만 생기고 맙니다.

자신이 한번 내뱉은 말은 다시 주워 담을 수 없습니다. 화가 치밀어 거친 말을 쏟아내려고 할 때에도 관세음보살을 습관처럼 되뇌어 보시기 바랍니다. 그러면 칼날 같았던 말들이 사라지게 되고 마음속의 분노가 사라지는 경험을 하실 수 있습니다. 반면에 말은 칼의 속성을 지니고 있습니다. 가시 돋친 말은 상대방에게 씻을 수 없는 상처를 남기게 되지만 선지식의 말씀이나 부드러운 말 한마디는 그 사람의 번뇌와 아픔을 사라지고 치유하는 역할을 합니다.

그리고 경문에서 이야기합니다. 만약 또 어떤 사람이 해를 입게 되었을 때 관세음보살의 이름을 부르면 저들이 가진 칼과 몽둥이가 조각조각 부서져 위험에서 벗어나게 된다. 관세음보살을 부르는 내 마음에서 생겨난 파동이 온 우주에 가득한 관세음보살의 전파에 연결되어 공명(共鳴)하게 됩니다. 불보살의 세계와 나의 정신세계가 공명하게 되는 것입니다.

비록 우리의 마음이 작고 약하더라도 관세음보살님께 주파수를 맞추어서 불보살의 세계와 바로 연결되면 상상도 못할 불가사의한 일이 생깁니다. 그러면 칼과 몽둥이가 조각조각 부서지고, 다섯 번째에 해당하는 야차와 나찰이 괴롭히지 못하게 되는 것도 이와 같은 이유입니다.

또한 도장, 즉 칼과 몽둥이는 탐욕, 진에, 우치, 교만 등에 비유할 수 있습니다. 우리 중생들의 생활 속에서 항상 마음을 괴롭히고 있는 존재들인 것입니다. 우리 불자들이 이를 잘 제어하지 못하면 열뇌(熱惱)로 변하여 몸과 마음을 핍박하게 됩니다. 하지만 우주 삼라만상이 모두 나와 혼연일체가 될 정도로 일심으로 관세음보살을 찾으면 거기에서 불가사의한 힘이 생깁니다. 우리 불자들은 이 점을 명심해서 항상 관세음보살을 모시고 그 명호를 지심으로 찾아야 합니다.

　다섯 번째는 야차와 나찰 등 악귀로 인한 재난에 관한 것입니다. 이런 상황에 처하더라도 열심히 관세음보살을 부르면 그 힘으로 재난에서 벗어날 수 있습니다.

　'외면여보살(外面如菩薩) 입심여야차(入心如夜叉)'라는 말이 있습니다. 겉으로는 상냥하게 보이나 내심에는 악독한 마음을 가진 자를 일컫는 말입니다. 이와 반대일 수도 있겠지요! 겉은 산적이나 도둑놈처럼 거칠게 생겼지만 마음 씀씀이는 대보살일 수도, 모르는 일입니다. 또한 한 사람일지라도 마음의 세계가 헤아릴 수 없는 변화가 뒤따르는 것이니 이것을 헤아리기가 어렵습니다. 야차는 실존할 수도 있지만 어찌 보면 우리의 내면에 감춰진 또 다른 나일 수도 있습니다.

　살아가면서 홀연히 나찰이 덤벼들어 괴로움으로 인하여 핍박해 질 수밖에 없는 상황을 우리는 맞이할 수 있습니다. 그러나 그때 "나무 관세음보살" 하고 부르며 관세음보살을 생각하면 마음의 세계에 가득한 야차·나찰 등 악귀에 지지 않는 대무외심(大無畏心), 대자비심(大慈悲心), 대지혜심(大智慧心), 대용맹심(大勇猛心)이 솟아나서 급기야는 야차·나찰 등 악귀가 저절로 소멸되게 되는 것입니다.

　관세음보살을 생각하고 그 명호를 부르는 것은 평소에 신앙과 수양을 쌓아두지 않으면 밖에서 오는 야차와 나찰 또는 우리들의 마음속에서 일어나는 번뇌귀의 위해를 면할 수가 없습니다. 오로지 독실한 신앙의 힘을 쌓아 관세음보살을 생각하는 그 힘이 뼈에 사무치면 관세음보살은 항상 우리의 신앙심을 붙들어주고 바로잡아 지켜줄 것입니다.

여섯 번째는 가쇄(枷鎖)의 난, 즉 족쇄와 쇠사슬의 난이라고 합니다. 죄 있는 사람을 끌고 가는 것은 당연한 것인데 왜 그런 사람들을 구해주어야 하느냐고 생각하시는 분들도 계실 줄 압니다. 하지만 죄의 유무를 떠나서 죄 지은 자를 용서하고 받아들이며, 어떻게 해서든 모두 구제하려는 것이 불교의 정신입니다. 또한 불교는 행복을 추구하는 종교입니다. 아무리 악행을 저질렀다 하더라도 벌을 주는 것이 중요한 일이 아니라 그 사람이 잘못을 뉘우치고 올바르고 착하게 되는 것이 중요합니다. 자신의 잘못을 참회(懺悔)하고 부처님의 가르침을 믿고 의지하여 새사람이 될 수 있도록 그 사람을 도와주어야 진정으로 사람을 위하는 종교라 할 수 있을 것입니다.

이번에는 가쇄난의 재난에서 벗어나는 길을 관세음보살의 측면에서 바라보고자 합니다.

관세음보살은 이 세상의 모든 소리를 관합니다. 또한 그 소리의 본성을 돌이켜 듣고 계십니다. 그러므로 관세음보살은 귀로 듣는 음성인 모든 진망(塵網)에서 벗어났기 때문에 몸의 형상이 있어도 걸리지 않는 것입니다. 그런 까닭으로 족쇄와 쇠사슬이 저절로 풀리게 되는 것입니다. 죄의 유무가 드러나기 전이라 하더라도 관세음보살의 명호를 일심으로 찾아 가쇄의 난을 벗어난 영험담(靈驗談)을 통해 우리는 알 수 있습니다.

『법화영험전(法華靈驗傳)』은 고려 말기의 승려 요원(了圓)이 『법화경』의 영험담을 기록한 것으로 도장난과 가쇄의 난에서 벗어난 사례를 찾아 기록해 놓기도 하였습니다.

'처옥자쇄(妻獄子鎖)'라는 말이 있습니다. 사랑해서 결혼한 아내와 자식들이 생각하기에 따라서는 번뇌를 수반하는 추계가쇄(杻械枷鎖)가 되겠지만 그에 집착함이 없이 이들을 사랑함으로써 그러한 번뇌를 끊을 수 있습니다.

자신이 가진 목숨, 지위, 명예, 재산도 마찬가지입니다. 이러한 것들에 집착하거나 분별되어 정작 무엇이 중요한지 모르고 사는 분들이 많습니다. 누가 나를 옭아매지도 않았는데 '내가 누구인데' '내가 어떤 사람인데' 하면서 자기 스스로 족쇄를 채워서 자신을 어렵게 만들고 불행하게 만들고 맙니다.

자기 스스로 만든 그물에 얽매이지 않고 항상 관세음보살을 염(念)하면서 생활을 영위하면 가정은 화목해지고 삶은 윤택해질 수밖에 없습니다. 무엇보다도 번뇌의 종자가 싹 틀 수 없습니다. 나아가 이를 생활 전반에 접목하고 사회로 환원하면서 생활한다면 행복한 사회를 만들게 되고 본인 스스로도 행복한 불자가 되는 것입니다.

<한역 원문>

若三千大千國土　滿中怨賊　有一商主　將諸商人
약삼천대천국토　만중원적　유일상주　장제상인

齎持重寶　經過險路　其中一人　作是唱言　諸善男
재지중보　경과험로　기중일인　작시창언　제선남

子　勿得恐怖　汝等　應當一心　稱觀世音菩薩名號
자　물득공포　여등　응당일심　칭관세음보살명호

是菩薩能以無畏　施於衆生　汝等若稱名者　於此
시보살능이무외　시어중생　여등약칭명자　어차

怨賊　當得解脫　衆商人聞　俱發聲言　南無觀世音
원적　당득해탈　중상인문　구발성언　나무관세음

菩薩　稱其名故　卽得解脫　無盡意　觀世音菩薩摩
보살　칭기명고　즉득해탈　무진의　관세음보살마

訶薩　威神之力　巍巍如是
하살　위신지력　외외여시

<한글 번역>

　만약 삼천대천세계에 흉악한 원수와 도적이 가득 찼는데
어떤 상인들 중의 우두머리(商主)가 여러 상인들을 데리고 귀
중한 보물을 갖고 험난한 길을 지나가더라도 그 가운데 한 사
람이, '선남자들이여, 그대들은 무서워하지 말고 다만 일심으
로 관세음보살의 이름을 부르라. 이 보살이 능히 중생들의 두
려움을 없애주나니, 그대들이 그 이름만 부르면 이 도적들의

난에서 벗어나게 될 것이다' 하여, 여러 상인들이 듣고 다함께 소리 내어 '나무 관세음보살' 하면 그 이름을 부른 까닭으로 곧 벗어나게 되느니라. 무진의여, 관세음보살마하살의 위신력이 이와 같이 높고 높으니라.

〈강의〉

마지막 일곱 번째 도적의 재난에 대한 이야기입니다. 도적을 만난 것은 앞에서 칼과 몽둥이로 위협을 당하는 경우와 같다고 할 수 있습니다. 길을 가다가 도적을 만나게 된다면 눈에 불 보듯 훤합니다. 도적이 칼이든 몽둥이든 별별 험한 무기를 들고 우리를 위협하겠지요. 이럴 때는 정말 다른 방법이 없습니다. 관세음보살님을 열심히 부르고 또 불러서 그 도적의 마음속에 있는 또 하나의 관세음보살이 함께 공명(共鳴)하도록 부르는 수밖에 없습니다.

예를 들어서 옆방에서 TV 방송을 틀었는데 공교롭게도 같은 채널을 시청했다고 가정해 보겠습니다. 이쪽 방에서 볼륨을 조금만 올려도 공명이 되어서 소리가 크게 울립니다. 그와 같이 비록 우리의 마음이 작고 약하더라도 관세음보살님께 주파수를 맞추어서 불보살의 세계와 바로 연결되면 상상도 못할 불가사의한 일이 생깁니다. 그러면 칼과 몽둥이로 우리를 위협하던 도적조차도 괴롭히지 못하게 됩니다.

또한 원적(怨賊)은 삼천대천(三千大千)세계에 가득 차 있기도 하며 오히려 중생의 심신에도 그것이 항상 도사리고 있어서 언제 그 본 모습을 드러내어 우리를 상하게 할지는 아무도 모릅니다. 그러므로 선가에서는 '번뇌의 개는 쫓아도 나가지 않으며, 보리의 사슴은 불러도 오지 않는다'고 했습니다. 이 것은 달리 말해서 마음의 번뇌인 적은 쫓아버리기가 어렵다는 의미입니다. 그렇지만 마음속 번뇌인 적도 관세음보살을 일심으로 찾게 되면 사라지지만, 일순간이나마 관세음보살을 잊게 되면 그 원적이 활동하게 되는 것입니다. 그런 까닭으로 우리 자신이 곧 관세음보살이 되어야 할 것입니다.

거듭 말씀드리지만 중요한 것은 일심불란(一心不亂)입니다. 관세음보살과 내가 하나가 되도록 온 마음을 다해서 부르는 것이 중요합니다.

요식행위처럼 관세음보살을 찾아서도 안 되고 심심풀이로 적당히 부르면서 지금까지 말씀 드린 일곱 가지 재난에서 벗어나고자 한다면 관음신앙을 잘못 이해하고 있는 것이라 할 수 있습니다.

「보문품」에서 나열한 일곱 가지 재난은 막상 닥치게 되면 아무것도 떠올릴 수 없는 아주 위급한 상황입니다. 이때 우리 불자님들은 모든 망념을 접고 관세음보살님의 위신력(威神力)을 믿고 오로지 일심으로 관세음보살을 불러야 합니다. 내가 지금 어떤 상황에 처해 있는지조차도 잊어버릴 정도로 일심으로 부르면 참으로 온 우주에 있는 관세음보살의 힘과 내 마음속에서 우러나오는 관세음보살의 힘이 공명해서 믿기 어려운 불가사의한 영험이 나타나게 됩니다. 그래서 『법화경』「보문품」이 예로부터 지금까지 우리 중생들에게 읽혀지고 받아들여지며 존재하게 된 것입니다.

또한 관세음보살의 명호를 일념(一念)으로 불러서 관음삼매(觀音三昧)를 성취하면 모든 것을 다 이룰 수 있습니다. 더 나아가 선가에서 말하는 여래선(如來禪)이니 조사선(祖師禪)이니 하는 것도 관음삼매를 통해서 충분히 성취할 수 있습니다.

선가에서 전해지는 게송 중에 이런 게송이 있습니다.

만연도방하(萬緣都放下) 단념관세음(但念觀世音)
차시여래선(此是如來禪) 역명조사선(亦名祖師禪)

밖에서 오는 인연이나 안에서 일어나는 인연이나
모두 놓아버리고 항상 관세음보살만 일념으로 생각하라.
이것이 여래선이며 또한 조사선이니라.

우리가 일심으로 관세음보살의 명호를 부르면 온갖 번뇌와 망상, 그리고 풀리지 않던 어려운 문제까지 모두 머물 곳을 찾지 못하고 사라져 버릴 것입니다.

여러분들이 인지하지 못해서이지 관음신앙은 제대로 이해

하면 경지가 깊은 수행법이기도 합니다. 우리가 이「보문품」
을 제대로 공부하면 관음신앙의 진정한 뜻을 알 수 있습니다.

제가 이 책을 쓰게 된 이유도 여기에 있습니다. 바로 관음
신앙을 제대로 이해하기 위한 가이드북을 만들고 싶어서입니
다. 제가「보문품」을 이해하는 경지가 고승대덕의 스님들에
견줄 바는 못 되더라도 직접 학교에서 강의를 하고 경전을 읽
어가면서 참으로 중요한 내용을 부처님께서 설해 놓으셨다는
생각이 듭니다.

「보문품」은 부처님께서 우리 중생들을 위해서 아주 상세하
게 말씀하셨다는 생각이 한시도 떠나지 않았습니다. 이 책을
접한 불자님들도 저와 같은 마음이기를 바랍니다.

삼독(三毒)의 소멸은 불교에서 성불을 위한 필요조건이 아
니라 필수조건이며 참으로 이를 끊기가 어렵습니다. 이제「보
문품」에서 부처님께서 우리 불자들이 어떻게 하여야만 삼독
을 없앨 수 있는지 말씀하십니다.

3. 의업(意業)으로 삼독(三毒)을 떠나다

〈한역 원문〉

若有衆生　多於淫欲　常念恭敬　觀世音菩薩　便得
약유중생　다어음욕　상념공경　관세음보살　변득

離慾　若多瞋恚　常念恭敬　觀世音菩薩　便得離瞋
이욕　약다진에　상념공경　관세음보살　변득이진

若多愚痴　常念恭敬　觀世音菩薩　便得離痴　無盡
약다우치　상념공경　관세음보살　변득이치　무진

意　觀世音菩薩　有如是等　大威神力　多所饒益
의　관세음보살　유여시등　대위신력　다소요익

是故衆生　常應心念
시고중생　상응심념

〈한글 번역〉

　만약 어떤 중생이 음욕이 많더라도 항상 관세음보살을 생
각하고 공경하면 곧 음욕을 여의게 되며, 만약 성내는 마음이
많더라도 항상 관세음보살을 생각하고 공경하면 곧 성내는

마음을 여의게 되며, 만약 어리석은 마음이 많더라도 항상 관세음보살을 생각하고 공경하면 곧 어리석음을 여의게 되느니라. 무진의여, 관세음보살은 이러한 큰 위신력이 있어 중생에게 요익케 하나니, 그런 까닭으로 중생들은 항상 응당히 마음으로 생각할지니라."

〈강의〉

삼독은 탐욕(貪欲)과 진에(瞋恚), 우치(愚癡)의 세 가지 번뇌를 이르는 말입니다. 「보문품」에서 우리에게 삼독심이 치성할 때는 항상 관세음보살을 생각하고 공경하여야 한다고 말해주고 있습니다.

탐욕에는 재물, 명예, 음식, 수면 그리고 색에 대한 욕심 등 다섯 가지 탐욕이 있는데 그 가운데서 색욕 즉 음욕(淫慾)이 가장 크다고 합니다. 그래서 탐욕심의 대표로 음욕을 열거한 것입니다. 음욕으로 야기된 일로 일순간에 모든 것을 잃어버린 사례를 우리 주변에서 요즘 심심치 않게 접하게 됩니다.

예로부터 음욕에 대한 위험성에 대해 전해오는 이야기가 있습니다.

"절세의 영웅이 이로(음욕) 인해서 나라와 몸을 망치고, 문장이 뛰어난 선비는 이로 인해서 절개를 잃고 명예를 더럽힌다. 당초 한 생각의 차이가 평생의 죄를 짓게 된다."

음욕에 대한 중요성은 아무리 강조해도 지나치지 않습니

다. 탐욕 중에서 가장 위험한 음욕에 대한 경계는 우리 불자분들께서 항상 깨어 있어야 하며 한시라도 잊지 말고 항상 관세음보살을 생각하고 공경하여야 합니다.

성내는 마음도 우리가 항상 관세음보살을 생각하고 공경할 수만 있다면 저절로 사라지게 됩니다. 남에게 성내는 마음이 일어나서 입으로 못된 말을 하면서 해치려는 행동을 하려고 하더라도 그 순간에 관세음보살을 부르면 칼 대신 연꽃이 나가게 됩니다. 이것이 「보문품」의 기적입니다.

여러 경전에서 성내는 마음에 대해서 이야기하고 있습니다. 『유교경』에서는 "오랜 세월 동안 쌓은 공덕의 적은 노여움보다 더한 것이 없다"고 하였으며, 『화엄경』에서는 "한 생각 노여움이 일어나면 백 가지 법에 통달하는 문에 들어가지 못하나니 보살이 노여움을 일으켜 자비심에 어긋나는 것은 도를 깨닫는 데 크게 장애가 된다"고 하였습니다. 그리고 『대방등대집경』에서는 "한 생각 노여움이 일어나면 온갖 마구니와 귀신이 그 틈을 얻게 된다"고도 하였습니다. 『관음의소기』에서 지례 스님은 성을 잘 내는 것은 항상 악귀와 더불어 일을 하는 것과 같다고 엄중하게 경고합니다.

이와 같이 분노는 악을 증장시키고 우리를 미혹하게 하여 악업을 지을 수밖에 없도록 합니다. 이 분노를 무력하게 만드는 것은 자비의 마음이니 항상 관세음보살을 생각하고 공경하여 관세음보살을 일심으로 부를 수만 있다면 불같았던 성

냄도 사라지게 될 것입니다.

어리석음이라는 것은 모든 이치를 제대로 꿰뚫어보지 못하는 마음을 일컫습니다. 또한 어리석음이 많다는 것은 사견(邪見)에 집착하는 것을 말합니다.

천태 대사에 의하면 사견 가운데 가장 좋지 않은 것은 무인견(無因見)과 단견(斷見)입니다. 무인견은 선악의 행을 하여도 과보가 따르지 않는다고 생각하는 것입니다. 우리 주변에서 악행을 저지르는 사람이 아무 탈 없이 잘 살고 있는 데 비해 성실하고 착하게 사는 사람이 힘들게 사는 모습을 볼 때 무인견의 생각을 갖기 쉽습니다. 하지만 과보 가운데는 다음 생이나 그 다음 생에 성숙하는 것도 있으므로 이번 생에 결과가 나타나지 않는다고 과보가 없다고 생각하는 것은 매우 성급하고 위험한 생각입니다. 그리고 죽으면 심신이 사라져 버린다고 생각하는 것도 단견입니다. 이 또한 다음 생의 과보가 없다고 생각한다는 점에서 무인견과 유사한 성격을 갖는다고 볼 수 있습니다.

죽은 뒤 신체장기를 남에게 기증하겠다고 서약하는 것이 '죽으면 어차피 썩어 없어질 몸인데' 하는 생각에서 이루어지는 것이라면 그 서약은 보시(報施)를 행하는 것이 아니라 단견에서 나온 악업(惡業)이 될 수밖에 없습니다.

보시와 보시바라밀(報施波羅蜜)에는 차이가 존재합니다. 보시바라밀은 보시의 완성을 의미합니다. 장기기증 서약이 보시바라밀이 되기 위해서는 이러한 단견에서 벗어나 사후에 남겨진 내 신체의 일부가 꼭 필요한 사람에게 전해져 그를 도와야 한다는 진정한 의미의 보시를 수반해야만 선업(善業)이 되는 것입니다. 따라서 무인견과 단견은 선업을 지을 수 있는 원인을 없애는 것으로 귀착되기 때문에 시급히 버려야 합니다. 이와 같은 어리석음을 버리기 위해서 우리 불자들은 항상 관세음보살을 생각하고 공경하여 관세음보살을 일심으로 불러야 할 것입니다. 관세음보살을 지성으로 부르면서 업장(業障)을 닦아가다 보면 저절로 마음이 맑아지게 됩니다. 그래서 지혜가 드러나면서 모든 존재의 실상과 이치를 꿰뚫게 되어 어리석음이 한순간에 날아가 버리게 됩니다. 이것이 바로 관음신앙의 묘한 이치입니다.

『청관음경』에 의하면 "삼독의 뿌리가 청정해지면 성불함에 의심이 없다"라고 하였습니다. 관음행자들이 항상 관세음보살을 생각하고 공경할 수만 있다면 해탈, 즉 성불을 방해하는 삼독을 여읠 수 있으며, 불교의 여러 수행법이 있지만 관음신앙을 통하여도 성불이 가능함을 「보문품」은 우리에게 전하고 있는 것입니다.

끝으로 상월 조사(上月祖師)의 말씀을 전하고자 합니다.

"매미가 봄과 가을을 모르므로 여름 계절이 어떤지 모르는 것처럼, 사람이 극락정토와 지옥을 믿지 않는다면 현세를 모른다 할 것이다."

4. 신업(身業)으로서의 득남득녀(得男得女)

〈한역 원문〉

若有女人 設欲求男 禮拜供養 觀世音菩薩 便生
약유여인 설욕구남 예배공양 관세음보살 변생

福德智慧之男 設欲求女 便生端正有相之女 宿
복덕지혜지남 설욕구녀 변생단정유상지녀 숙

植德本 衆人愛敬 無盡意 觀世音菩薩 有如是力
식덕본 중인애경 무진의 관세음보살 유여시력

若有衆生 恭敬禮拜 觀世音菩薩 福不唐捐 是故
약유중생 공경예배 관세음보살 복부당연 시고

衆生 皆應受持 觀世音菩薩名號
중생 개응수지 관세음보살명호

〈한글 번역〉

"만약 어떤 여인이 아들을 얻기 위하여 관세음보살께 예배
하고 공양하면 곧 복덕이 많고 지혜를 갖춘 훌륭한 아들을 얻
을 것이며, 만약 딸을 얻고자 하면 단정하고 용모를 갖춘 딸
을 얻을 것이니 이 아이가 지난 세상에 덕의 근본을 심은 인

연으로 모든 사람의 사랑과 존경을 받을 것이다.

무진의여, 관세음보살은 이와 같은 힘이 있느니라. 만약 중생들이 관세음보살에게 공경하고 예배하면 그 복은 헛되지 않을 것이니 그러므로 중생들은 모두 관세음보살의 이름을 받아 지닐지니라."

〈강의〉

이구양원(二求兩願), 즉 복과 덕과 사리에 밝은 지혜로운 아들과 단정하고 바르며 용모를 갖춘 딸을 낳기를 바라고 구한다고 하여 이구양원이라고 합니다. 관음신앙의 이구양원에 해당하는 이 부분은 반드시 숙세(宿世)에 선근(善根)을 심고 덕의 근본을 닦아야 함을 강조하고 있습니다. 달리 표현하면 사람 중에서 제일 훌륭한 사람은 숙세에 선근과 공덕을 쌓은 사람이므로 이런 뜻에서 지혜와 복덕을 갖춘 아들을 얻는다고 한 것입니다. 또 여자의 경우에도 같은 원리로 겉모습만 예쁘장한 것보다는 마음씨가 단정하고 심덕(心德)을 갖추는 것이 중요한데, 이러한 마음이 표현된 아름다운 여인이란 뜻으로 단정하고 아름다운 여아라고 한 것이니, 이 또한 역시 숙세에 선근 덕본(德本)을 심지 않고서는 갖출 수 없는 아름다움이라 할 것입니다.

관음신앙으로 말미암아 먼저 일어나는 것은 마음이 안정되고 신체가 건강해지는 것이라고 할 수 있습니다. 이구양원에 있어서 자식 없는 여인이 자식을 얻게 되는 것은 그 자식이 곧 정신적 신앙의 결정체라고도 할 수 있습니다.

이와 관련하여 BTN특집 방송 〈천태종 70년, 미래 70년〉에 소개된 젊은 보살의 사연을 말씀드리고자 합니다.

"엄마가 안거하신다고 해서 모셔다 드리러 왔다가 저도 같이하게 되었어요. 처음에는 막연하게 아이를 가져야 한다는 생각이 있었는데 아이를 갖기 위해서 부모로서 가져야 하는 마음을 생각하게 되고, 기도하면서 마음도 많이 편안해지고……."

「보문품」에서 부처님께서 하신 말씀은 단 한 말씀도 허투루 하신 게 없습니다. 지혜와 복덕이 구족한 아이를 출산코자 원한다면 지극정성으로 관세음보살을 염하여야 합니다.

관세음보살을 일심으로 부르는 것은 기도이지만 임산부가 부를 때는 태교의 성격을 띠기도 합니다. 관세음보살의 그림이나 부처님의 모습을 평소에 자주 보면서 마음을 평안하게 하고 관세음보살의 지혜와 자비를 늘 생각하면서 명호를 부르면 이보다 더 좋은 태교가 없습니다.

이렇게 관세음보살의 정신과 내가 혼연일체(渾然一體)가 되었을 때 그 결과는 불을 보듯 분명할 것입니다. 제게는 자식이 둘 있습니다. 물론 모두 관세음보살님 전에 발원하여 저희 부부와 인연된 소중한 아이들입니다. 큰애는 초등학교 2학년 여아로 단정하고 사찰의 어린이회를 다니며 꿈을 키워 나가면서 건강하게 잘 자라고 있습니다. 둘째는 남자 아이로 이제 막 네 살인 개구쟁이입니다.

집안의 웃음공작소이기도 하지만 하루 종일 엄마 아빠가 쫓아 다녀야 합니다.

하루는 제게 놀라운 경험이 있었습니다. 아파트 단지 내 놀이터에서 놀다가 둘째 녀석이 옆 단지에 사시는 할머니 댁에 가자고 하는 것이었습니다. 목적은 단 하나 저희 모친이 냉장고에 넣어둔 사탕의 무상제공을 알고 있기 때문이지요. 종종 어른들은 식당에서 받은 사탕을 자식들의 바람과는 달리 손주들을 위해서 차곡차곡 모아 놓으십니다. 저희 모친께서는 절에 가시고 집에 계시지 않았는데, 소기의 목적을 달성한 작은 아이가 이리저리 살피던 중 작은 방에서 목탁을 발견해서는 이것을 치겠다는 것입니다. 저희 집은 층간소음으로 아래층과 불편한 관계인지라 제가 "그래, 수호야. 맘껏 쳐!" 하고 말해 주었습니다. 그랬더니 제 손을 잡아끌어서는 절 달력 앞으로 가는 것이었습니다. "아빠, 여기 부처님 앞에서 쳐야 해" 하는 것이었습니다. 순간 어안이 벙벙했습니다. 왜냐하면 달력에는 천태종 관문사(觀門寺) 대불보전의 모습이 인쇄되어 있었기 때문입니다. 놀랍기도 하고 의아하기도 하였습니다. 의자를 내어 주니 "조금 더 가깝게 가서 해야 해!" 하면서 의자를 당겨 목탁을 나지막이 치기 시작하는 것이었습니다.

물론 절에 자주 가기에 아이가 스님들이 목탁을 치는 모습을 본 적도 있지만 대불보전에 모셔진 부처님과 협시보살을 바라보면서 목탁을 장난으로 치는 것이 아니라 차분하게 하는 모습이 제겐 처음 보이는 광경으로 참으로 귀한 시간이었습니다. 어떻게 설명해야 될지는 모르겠지만 관세음보살의 인연으로 얻은 소중한 부처님의 제자이기에 참으로 신기하고, 앞으로 더 주의하고 잘 키워야 겠다는 생각을 다시 한 번 하게 됐습니다. 물론 채 3분도 되지 않아 "관—셈보~살↓" 하면서 멋진 염불은 끝이 났지만 말입니다.

그리고 경문은 관세음보살에게 공경하고 예배하면 그 복은 헛되지 않을 것이니 그러므로 중생들은 모두 관세음보살의 이름을 받아 지녀야 한다고 힘주어 말하고 있습니다.

그런데 이러한 것 모두는 자기의 믿음의 힘에 의지한 것으로 이와 같은 공덕을 성취하게 되는 인연은 다름 아닌 관세음보살을 믿고 일념으로 생각하고 예배, 공경, 공양하는 것입니다. 그래서 위의 경문에 밝힌 바와 같이 "관세음보살에게 공손히 공경하며 인사의 절을 하면, 복을 헛되게 버리지 아니한다"라고 하는 것입니다.

지금까지 일곱 가지 재난과 삼독의 소멸, 그리고 이구양원에 대하여 말씀드렸습니다. 이를 한 번 정리해 보고자 합니다. 소원을 이루고자 할 때는 차분히 격식을 차려 공양물을 갖추어 예배드리는 모습이 자연스럽고, 목숨이 경각에 달린

화급한 상황에서는 소리치는 구업을 통해 구제를 갈구하는 것이 중생들의 일반적 반응이라 할 수 있습니다. 또한 삼독과 같은 정신적 번뇌가 치성할 때는 신업과 구업도 도움이 되겠지만 궁극적으로는 의업을 통해 다스려질 수 있을 것입니다. 부처님의 설법은 상황의 설정이나 선택하는 용어 하나에서도 허물을 찾을 수 없음을 다시 한 번 확인할 수 있었습니다.

입〔口〕으로 관세음보살의 명호를 부르면 일곱 가지의 재난을 여의게 되고, 마음〔意〕으로 관세음보살을 항상 생각하고 공경하면 탐(貪)·진(瞋)·치(痴)의 삼독을 여의게 되며, 몸〔身〕으로 관세음보살을 예배하고 공양하면 이구양원이 이루어진다고 하였습니다.

그러므로 관세음보살을 일심으로 생각하고 부르며, 공양하는 것은 바로 우리의 신·구·의 삼업(三業)을 청정하게 닦는 일임을 알 수 있습니다. 그래서 삼업청정이 구족해지면, 그리고 일념의 지성(至誠)이 따른다면 관세음보살은 감응하게 되므로 곧 관세음보살의 자재한 신력을 얻게 되는 공덕과 이익을 얻게 되어 가피를 입게 되는 것입니다.

요컨대 성심으로 예배, 공양하면 관세음보살이 반드시 감응하셔서 감응도교(感應道交)가 이루어지는 것이 틀림없다는 것입니다. 그러니까 "모두 관세음보살의 이름을 받아 지닐지니라"라는 진실된 마음으로 하심(下心)하고, 모든 일에 감사한 마음으로 최선을 다하여, 관세음보살님과의 감응도교가 이루어 진 상태가 됨을 말하는 것이라고 할 수 있겠습니다.

　관세음보살은 한 마음 한 뜻으로 중생과 더불어 같이 있지만 오히려 중생은 이것을 감득(感得)하지 못하고 있을 뿐 관세음보살의 자비는 항상 널리 가득 차 있는 것입니다. 중생이 관세음보살의 자비를 감득하지 못함은 주관적으로 모른다는 것입니다. 왜냐하면 관세음보살의 자비에는 차등이나 구별이 있을 수 없기 때문입니다. 이것은 마치 태아가 어머니의 태안에서 열 달 동안 자라나고 있되 '내가 어머니의 태중에서 자라고 있다'는 자각이 없어도 항상 어머니의 자비로운 태중에서 자라나고 있는 것과 같은 이치라 할 수 있습니다.

　그러므로 관세음보살은 응(應)하고 중생은 느껴(感) 진리에 서로 부합하는 것이 바로 감응도교입니다. 즉 주관과 객관 사이의 교섭관계의 자각으로서 그 자각의 유무가 추호도 관세음보살의 자비에는 어떠한 영향도 없다는 것입니다. 그렇기 때문에 관세음보살의 자비가 우리 중생들의 마음에서 떠나지 않는 자리, 즉 관세음보살과의 감응(感應)이 항상 우리들 마음속에서 도교(道交)해야 하는 것입니다. 우리 불자들에게는 오직 관음신앙의 수행을 닦는 길만이 있을 뿐입니다.

5. 관세음보살의 명호(名號)를 지니는 공덕

〈한역 원문〉

無盡意 若有人 受持六十二億 恒河沙菩薩名字
무진의 약유인 수지육십이억 항하사보살명자

復盡形 供養飮食依服 臥具醫藥 於汝意云何 是
부진형 공양음식의복 와구의약 어여의운하 시

善男子善女人 功德多不 無盡意言 甚多世尊
선남자선녀인 공덕다부 무진의언 심다세존

佛言若復有人 受持觀世音菩薩名號 乃至一時
불언약부유인 수지관세음보살명호 내지일시

禮拜供養 是二人福 正等無異 於百千萬億劫
예배공양 시이인복 정등무이 어백천만억겁

不可窮盡 無盡意 受持觀世音菩薩名號 得如是
불가궁진 무진의 수지관세음보살명호 득여시

無量無邊 福德之利
무량무변 복덕지리

<한글 번역>

"무진의야, 만약 어떤 사람이 육십이억 항하의 모래 수와 같은 보살의 이름을 받아 지니고, 또 몸이 다하도록 음식과 의복과 침구와 의약으로 공양한다면 그대는 어떻게 생각하는가? 이 선남자·선여인의 공덕이 많겠는가?"

무진의보살이 말하였습니다.

"아주 많사옵니다. 세존이시여."

부처님께서 말씀하셨습니다.

"만약 어떤 사람이 관세음보살의 이름을 받아 지니고 단 한 때만이라도 예배하고 공양하면 이 두 사람의 복이 꼭 같고 다름이 없어서 백천만억 겁에 이르도록 다함이 없을 것이다. 무진의여, 관세음보살의 이름을 받아 지니면 이와 같이 한량없고 끝없는 복덕의 이익을 얻느니라."

<강의>

관세음보살은 이와 같은 묘지력(妙智力)을 갖추어 구현하는 성현(聖賢)이기 때문에 중생이 일심으로 그를 신앙하면 반드시 어떠한 이익이라도 베푸는 보살입니다. 공경예배는 성심성의를 다해서 예배하는 것이며 그러한 성심은 결코 헛되지 않기 때문에 그래서 관음신앙을 권장하는 것입니다.

하지만 이 경문에서 주의해야 하는 부분이 있습니다. 바로 "만약 어떤 사람이 관세음보살의 이름을 받아 지니고 단 한 때만이라도 예배하고 공양하면"이라는 내용입니다. 일반적으로 관세음보살의 구제에 의한 가피를 입기 위해서는 그 이름을 일심으로 부르는 행위를 통해야 한다고 여기는데 여기서는 그 이름을 받아 지니는 것과 예배하고 공양하는 것을 말하고 있습니다. 어째서 앞에서는 일심으로 칭명할 것을 권한 뒤여기서는 예배, 공양의 공덕을 설하고 있는 것일까요?

앞서 말씀드린 바와 같이, 일곱 가지의 재난과 삼독의 소멸, 그리고 자식을 얻고자 하는 상황에서 관세음보살의 가피를 구하는 방법이 조금씩 다름을 볼 수 있었습니다. 즉 불의 재난이나 수난 등의 일곱 가지 재난을 만났을 때 부처님은 "일심으로 관세음보살의 이름을 부르면" 구제를 받을 수 있다 하였고, 탐·진·치 삼독이 치성할 때는 "관세음보살을 생각하고 공경하면" 구제를 받는다고 하셨습니다. 또 아들과 딸 낳기를 원하는 이에게는 "관세음보살께 예배하고 공양한다면" 소원을 이룰 수 있다 하셨습니다.

일곱 가지의 재난에서는 구업을 통해, 삼독의 소멸에서는 의업을 통해, 그리고 자식을 얻고자 하는 상황에서는 신업을 통해 원하는 바를 이루는 차이가 있는 것입니다. 하지만 이러한 구분은 설법의 단서를 찾기 위한 방편일 뿐이라고 천태 대사는 답변하였다고 합니다. 다시 말하면 신·구·의 어떠한 업을 통해서도 관세음보살의 가피를 입을 수 있으나 각 상황에 가장 적절하게 맞도록 설법하신 것이라는 의미입니다.

이렇게 본다면 "관세음보살의 이름을 받아 지니고 단 한 때만이라도 예배하고 공양하면"이라 할 때 한역 원문 '내지(乃至)'에는 생각하고 공경하는 의업, 일심으로 칭명하는 구업이 들어간 것임을 알 수 있습니다.

그리고 경문의 마지막 구절에서 "관세음보살의 이름을 받아 지니면 이와 같이 한량없고 끝없는 복덕의 이익을 얻느니라"는 관세음보살의 이름을 한 때 칭명하기만 하여도 그 복이 끝없이 많음을 확인하며 매듭 지은 부분입니다.

「보문품」의 이 부분은 『대품반야경』 「삼혜품」의 설법과도 뜻을 같이합니다.

"꽃 한 송이를 허공중에 뿌리며 염불하여도 고통이 다하는 데 이르며 그 복이 다하지 않는다."

6. 무진의보살이 부처님께 관세음보살의 삼업(三業)을 묻다

〈한역 원문〉

無盡意菩薩　白佛言　世尊　觀世音菩薩　云何遊此
무진의보살　백불언　세존　관세음보살　운하유차

娑婆世界　云何而爲衆生說法　方便之力　其事
사바세계　운하이위중생설법　방편지력　기사

云何
운하

〈한글 번역〉

무진의보살이 부처님께 말씀드렸습니다.

"세존이시여, 관세음보살께서 어떻게 이 사바세계에 다니시며, 어떻게 중생들을 위하여 법을 설하며, 그 방편의 힘은 어떠합니까?"

〈강의〉

첫 번째 질문에 대한 답변을 통해 석가모니 부처님은 중생들이 일곱 가지의 재난과 삼독, 그리고 자식을 얻고자 하는 어려움에 처했을 때 지극한 마음으로 관세음보살을 믿고 찾는다면 관세음보살이 이를 관하여 모두 구제하므로 '관세음보살'이라 함을 밝혀 주셨습니다.

이에 비해 두 번째 질문에 대한 답변은 관세음보살이 온갖 근기의 중생들, 즉 '보문(普門)'에 대해 33응화신(應化身)으로 대표되는 각종 모습을 시현하여 설법을 한다는 것을 설해 주고 계십니다.

「보문품」에서는 관세음보살의 33응화신이 등장하는데 그 내용이 『법화경』 「묘음보살품」의 내용과 똑같습니다. 그리고 『능엄경』에도 같은 내용이 등장합니다.

하지만 불자님들께서는 한 번 생각해 보시기 바랍니다. 관세음보살의 응신이 서른세 가지뿐이겠습니까? 천수천안(千手千眼)이라고 하지 않았습니까? 천 개의 눈으로 살피고 천 개의 손으로 중생을 구제하는 분이니 중생의 근기와 처한 상황에 따라서 보살이 나투는 모양의 수를 헤아려 셀 수 없을 것입니다. 중생의 가없는 아픔이 얼마나 애달팠으면 천 개의 손을 가지셨겠습니까? 그러나 중생의 팔만 사천 고통을 제거하시고 팔만 사천 소원을 다 들어주시려면 천 개의 눈과 손만으로는 어림도 없습니다.

관음신앙에서 천(千)이라는 수는 딱 천 개가 아니라 무수히 많다는 것을 표현한 것입니다. 「보문품」에 관세음보살은 "구족신통력(具足神通力) 광수지방편(廣修智方便) 시방제국토(十方諸國土) 무찰불현신(無刹不現身), 즉 신통하고 묘한 힘을 모두 갖추고 지혜의 방편까지 널리 닦아서 시방의 모든 세계 어디서든지 갖가지 몸을 나타내지 않는 데 없네."라고 했습니다.

관세음보살은 수많은 모습으로 바꾸어 나투면서 중생을 제도합니다. 「보문품」에서 설해진 모습들은 그대로 우리 불자들이 일상생활에서 경험할 수 있는 내용을 모두 표현하고 있습니다. 「보문품」에서는 서른세 가지 모습만 이야기했지만 실제로는 백억의 화신(化身)이 필요할 수도 있습니다.

관세음보살이 서른세 가지 응신의 모습으로 나투는 것은 서원(誓願)에 따라 자비를 행하는 것이며, 또한 보살로서 이 세상을 살아가는 모습이기도 합니다. 하지만 눈 밝은 불자님들은 아실 것입니다. 사실 내 주위에 있는 온갖 사람들과 나를 둘러싼 여러 가지 환경과 조건이 사실은 모두 나에게 지혜의 눈을 열어 주어서 깨우치기 위해 존재한다는 사실을. 우리가 한 생각 돌리면, 악인이나 악연일지라도 나의 스승이요, 선지식이 될 수 있습니다. 그래서 모든 것이 나를 위해 존재한다고 이해해야 하며 그들은 관세음보살의 응화신이라는 것입니다.

무진의보살이 부처님을 향해 관세음보살의 신·구·의 삼업의 묘용(妙用)에 대해 여쭙자, 석가모니 부처님께서 33응신으로 보문시현(普門示現)한 관세음보살의 묘지력을 들어 이제 답을 하시고자 하는 것입니다.

경문에서 "관세음보살님께서 어떻게 이 사바세계에 다니시며"라고 한 것은 사바세계, 즉 인토(忍土)의 살기 어려운 곳에서 어떤 모습으로 나타나서 "어떻게 중생들을 위하여 법을 설하며, 그 방편의 힘은 어떠합니까?"라고 묻는 것입니다.

관세음보살은 대자대비의 마음이 온 우주 법계에 가득 차 있으므로 모든 고뇌에 찬 중생들을 두루 살피어 중생으로 하여금 고뇌의 화택(火宅)인 삼계(三界)로부터 청량한 정토(淨土)의 세계로 인도하고자 미혹을 버리고 깨달음을 얻게 하는 크나큰 서원을 세우고 이 사바세계에 출현한 대보살입니다. 그래서 이 사바세계에 있어서의 화익(化益)은 극락(極樂)에 있어 만겁의 공덕이 수승하다고 했듯이 정토의 중생보다 오히려 사바의 범부 중생을 화익케 하기 위해서 보살의 모습으로, 서른세 가지 응신의 모습으로 설법하는 것입니다.

7. 관세음보살의 33응화신(應化身)

〈한역 원문〉

佛告無盡意菩薩　善男子　若有國土衆生　應以佛
불고무진의보살　선남자　약유국토중생　응이불

身得度者　觀世音菩薩　卽現佛身　而爲說法　應以
신득도자　관세음보살　즉현불신　이위설법　응이

辟支佛身得度者　卽現辟支佛身　而爲說法　應以
벽지불신득도자　즉현벽지불신　이위설법　응이

聲聞身得度者　卽現聲聞身　而爲說法
성문신득도자　즉현성문신　이위설법

〈한글 번역〉

부처님께서 무진의보살에게 말씀하셨습니다.

"선남자여, 만약 어떤 국토의 중생이 부처의 몸으로서 제도
할 이에게는 관세음보살이 곧 부처의 몸〔佛身〕을 나타내어 법
을 설하고, 마땅히 벽지불(辟支佛)의 몸으로 제도할 이에게는
곧 벽지불의 몸을 나타내어 법을 설하고, 마땅히 성문(聲聞)의

몸으로 제도할 이에게는 성문의 몸을 나타내어 법을 설하느
니라.

〈강의〉

관세음보살이 나타내는 여러 가지 몸 가운데 첫 번째는 부
처님의 몸입니다. 하지만 어떻게 보살이 부처님의 몸을 나타
낼 수 있을까요? 관세음보살은 지혜와 능력이 부처님과 같은
등각(等覺)의 계위에 있으니 충분히 가능합니다. 그렇기 때문
에 중생의 근기에 따라서 부처님의 몸으로 제도할 이에게는
부처님의 모습으로 제도가 가능한 것입니다. 이하 관세음보
살의 모든 응화신은 중생 각각에 따라 관세음보살이 몸을 달
리해서 중생을 구제하는 것입니다.

관세음보살이 법을 설하기 위해 나타내는 두 번째 몸은 벽
지불신입니다. 벽지불이란 범어 프라티에카붓다(pratyekabuddha)
의 음사(音寫)로 연각(緣覺), 혹은 독각(獨覺)이라고도 합니다.
흔히 구분하지 않고 쓰지만 세분한다면 부처님께서 설한 인
연법을 듣고 수행하여 깨달은 이를 연각, 무불(無佛)시대에 홀
로 인연법을 관하여 깨달은 이를 독각이라고 합니다. 이들은
100겁을 거치며 수행한 끝에 이번 생에 깨달은 것이라 하는데
성문의 최고 계위인 아라한보다 높은 단계의 소승(小乘) 성자
를 지칭하는 말입니다.

세 번째로 관세음보살은 성문(聲聞)의 모습으로 법을 설합

니다. 성문은 보통 부처님의 설법을 직접 들은 제자를 말하지만 여기서는 그 가운데 초과인 수다원과 이상을 증득한 성인, 특히 윤회를 벗어난 최고 성자 아라한을 가리킵니다.

「보문품」에서 관세음보살의 33응신 가운데 이 세 부류는 모두 불자들에게 공양을 받으며 불보와 승보로서 귀의의 대상이 되는 성인(聖人)들에 해당합니다. 이는 현성방편(顯聖方便)에 해당하는 것으로 구체적으로 성인의 모습으로 관세음보살이 현신하는 것입니다.

〈한역 원문〉

應以梵王身得度者　即現梵王身　而爲說法　應以
응이범왕신득도자　즉현범왕신　이위설법　응이

帝釋身得度者　即現帝釋身　而爲說法　應以自在
제석신득도자　즉현제석신　이위설법　응이자재

天身得度者　即現自在天身　而爲說法　應以大自
천신득도자　즉현자재천신　이위설법　응이대자

在天身得度者　即現大自在天身　而爲說法　應以
재천신득도자　즉현대자재천신　이위설법　응이

天大將軍身得度者　即現天大將軍身　而爲說法
천대장군신득도자　즉현천대장군신　이위설법

應以毗沙門身得度者　即現毗沙門身　而爲說法
응이비사문신득도자　즉현비사문신　이위설법

<한글 번역>

　마땅히 범천왕의 몸으로 제도할 이에게는 곧 범천왕의 몸을 나타내어 법을 설하고, 제석천왕의 몸으로 제도할 이에게는 곧 제석천왕의 몸을 나타내어 법을 설하고, 마땅히 자재천왕의 몸으로 제도할 이에게는 곧 자재천왕의 몸을 나타내어 법을 설하고, 마땅히 대자재천왕의 몸으로 제도할 이에게는 곧 대자재천왕의 몸을 나타내어 법을 설하고, 마땅히 천신대장군의 몸으로 제도할 이에게는 곧 천신대장군의 몸을 나타내어 법을 설하고, 마땅히 비사문의 몸으로 제도할 이에게는 비사문의 몸을 나타내어 법을 설하느니라.

<강의>

　『대승장엄보왕경』에 의하면, "무수한 중생들이 생사의 고통을 받아 육도를 돌고 돌아 쉴 사이가 없으므로 관세음보살은 이러한 중생들을 제도하기 위하여 보리도(菩提道)를 얻게 하고 다시 저 중생들의 갈래를 따라 여러 가지 몸을 나타내어 설법하여 그들로 하여금 여래(如來)의 열반(涅槃)에 들게 하시느니라."라고 합니다. 여기서는 관세음보살이 여섯 천신(天身)의 몸으로 중생을 제도합니다.

　범천왕이란 색계 초선천의 왕인 대범천왕을 말합니다. 이름은 '정수리의 상투'라는 뜻의 시기(Sikhi)라 하고 사바세계를 주재하는 천신입니다.

제석(帝釋)천왕은 6욕천의 두 번째 천계로서 수미산 정상에 있는 도리천의 왕입니다. 인도에서는 인드라(Indra)라고 불리는 천신으로 석가모니 부처님 출현 이후 범천과 함께 불교의 수호신이 되었습니다.

자재천왕이란 욕계의 최상층인 제6천에 머물며 왕 노릇을 하는 타화자재천(他化自在天)을 말하는데 이는 남들이 지은 복락을 빌어 자기의 즐거움으로 만든다는 뜻입니다.

대자재천왕은 범어 마혜수라(Mahesvara)를 음역(音譯)한 말로서 색계의 최정상에 머무는 천신입니다. 아가니타천, 색구경천(色究竟天)이라고도 하는데 팔이 여덟 개이고 양미간에 눈이 하나 더 있어서 세 개의 눈을 갖고 있으며 흰 소를 타고 다닌다고 합니다. 공덕과 지혜가 십주(十住)보살의 경지에 도달해 있으며 그의 광명은 일체 중생들 가운데 가장 뛰어나다고 합니다.

천대장군이란 비사문천의 휘하 여덟 장군 가운데 하나로서 세간을 순행하며 선악을 관찰하는 신이라고도 하고 구마가(鳩摩伽), 즉 목탁을 지니고 붉은 번기를 잡고 있으며 닭을 떠받치고 공작을 타고 다니는 동자를 말하기도 합니다. 또 팔이 네 개며 윤보(輪寶)를 지니고 금시조를 타고 다니는 위슈누(Visnu)신도 천대장군이라고 부릅니다.

비사문이란 다문천(多聞天)이라 번역되는데 사천왕 가운데 북방을 지키는 천신으로서 6욕천의 가장 아래인 사왕천에 거처합니다.

범왕부터 천대장군까지는 모두 천신에 속합니다. 관세음보
살이 범천왕 내지 자재천의 형상을 취하여 중생들에게 응할
때는 각각 백색삼매, 난복삼매, 적색삼매를 닦습니다. 관세음
보살이 삼매를 닦되 이에 빠지지 않으므로 각 천계에 태어나
지 않고, 이를 버리지도 않으므로 각 천신의 형상으로 나타날
수 있습니다. 그리하여 중생들의 근기에 맞는 법을 방편으로
설하여 진실한 실상으로 인도하는 것입니다.

〈한역 원문〉

應以小王身得度者　卽現小王身　而爲說法　應以
응이소왕신득도자　즉현소왕신　이위설법　응이

長者身得度者　卽現長者身　而爲說法　應以居士
장자신득도자　즉현장자신　이위설법　응이거사

身得度者　卽現居士身　而爲說法　應以宰官身得
신득도자　즉현거사신　이위설법　응이재관신득

度者　卽現宰官身　而爲說法　應以婆羅門身得度
도자　즉현재관신　이위설법　응이바라문신득도

者　卽現婆羅門身　而爲說法
자　즉현바라문신　이위설법

〈한글 번역〉

마땅히 작은 왕의 몸으로 제도할 이에게는 곧 작은 왕의 몸

을 나타내어 법을 설하고, 마땅히 장자의 몸으로 제도할 이에게는 곧 장자의 몸을 나타내어 법을 설하고, 마땅히 거사의 몸으로 제도할 이에게는 곧 거사의 몸을 나타내어 법을 설하고, 마땅히 재상의 몸으로 제도할 이에게는 곧 재상의 몸을 나타내어 법을 설하고, 마땅히 바라문의 몸으로 제도할 이에게는 곧 바라문의 몸을 나타내어 법을 설하느니라.

〈강의〉

이제 관세음보살이 다섯 가지 사람의 모습으로 중생들을 제도하십니다. 소왕이란, 신장도 복덕도 큰 천왕들에 비하여 인간은 매우 작으므로 인간의 왕을 소왕이라 일컫는 것입니다. 또한 인간계의 나라에도 크고 작은 차이가 있어 작은 나라의 왕을 소왕이라 하는데, 이 경문에서 주안점은 작은 나라의 왕으로서도 중생들을 제도할 수 있으니 큰 나라의 왕은 말할 나위 없음을 보이기 위하여 소왕이라 한 것입니다.

장자란 혈통이 고귀하고 지위가 높고 부유하고 위엄이 있는 등 열 가지 덕을 갖춘 이를 말하고, 거사란 집에 거처하면서 재물이 많고 사업을 풍성하게 영위하는 사람을 말합니다. 재관이란 임금을 보좌하며 백성들을 다스리는 관리를 말하고 바라문(brahmana)이란 청정한 행을 하는 사람을 말하니 정행(淨行), 범지(梵志) 등으로 번역됩니다.

<한역 원문>

應以比丘比丘尼　優婆塞優婆夷身得度者　卽現比
응이비구비구니　우바새우바이신득도자　즉현비

丘比丘尼　優婆塞優婆夷身　而爲說法　應以長者
구비구니　우바새우바이신　이위설법　응이장자

居士宰官婆羅門婦女身得度者　卽現婦女身　而爲
거사재관바라문부녀신득도자　즉현부녀신　이위

說法　應以童男童女身得度者　卽現童男童女身
설법　응이동남동녀신득도자　즉현동남동녀신

而爲說法
이위설법

<한글 번역>

　마땅히 비구·비구니·우바새·우바이의 몸으로 제도할 이
에게는 곧 비구·비구니·우바새·우바이의 몸을 나타내어 법
을 설하고, 마땅히 장자·거사·재상·바라문의 부인의 몸으로
제도할 이에게는 곧 부인의 몸을 나타내어 법을 설하고, 마땅
히 동남·동녀의 몸으로 제도할 이에게는 곧 동남·동녀의 몸
을 나타내어 법을 설하느니라.

<강의>

　다음에 비구·비구니·우바새·우바이는 사부대중이라고 하

여 출가한 남녀 수행자와 오계를 받은 재가의 남녀 불자를 말합니다. 시범방편(示凡方便)으로 관세음보살이 범부의 모습으로 나타나서 중생을 제도하는 것입니다.

이어서 부인의 몸을 나열하고 있습니다. 장자·거사·재관·바라문의 부인은 있으되, 소왕의 부인이 빠진 이유에 대해 천태 대사는 왕궁은 여인의 출입이 부자유스러워 중생교화를 위해 다니기 불편하기 때문에 뺀 것이라고 해석하고 있습니다.

동남과 동녀는 아직 성인이 되지 않은 남녀를 이르니 요즘 말로는 소년, 소녀가 된다고 할 수 있습니다. 혹 중생들에게 법을 설하는데 어린이의 몸으로 되겠는가 하고 의구심을 품을 수도 있습니다. 하지만『법화경』「묘장엄왕본사품」에서 외도를 따르는 묘장엄왕을 불법으로 인도하기 위하여 정장(淨藏)과 정안(淨眼) 두 왕자가 신통력을 보이면서『법화경』설법 듣기를 권하여 제도하는 내용이 설해지고 있습니다. 때로는 이해관계가 있는 어른보다는 순수한 어린이의 권유가 더 효과가 있음을 보여주는 사례라 할 것입니다.

사부중신(四部衆身)이라 함은 출가와 재가의 신실한 부처님의 제자를 일컫는 말입니다. 고래로 고승이나 선지식에 의해 오도(悟道)에 들고, 또는 신심 있는 청신사·청신녀의 포교에 의하여 미혹의 삶 속에서 개오(開悟)한 사람들이 많습니다. 어찌 보면 이렇게 불교가 널리 퍼지고 알려지게 된 것은 오로지

이 사부대중의 힘이라 할 수 있습니다. 왜냐하면 우리 불자들이 항상 쉽게 접할 수 있으며, 불교라는 커다란 집을 이 네 기둥이 떠받치고 있기 때문입니다. 또한 이는 관세음보살이 필요에 따라서 수시수처(隨時隨處)로 세상에 현응(顯應)하여 실상(實相)의 법을 설해 중생들을 교화해서 깨달음의 세계로 인도했기 때문입니다.

〈한역 원문〉

應以天龍夜叉　乾闥婆阿修羅　迦樓羅緊那羅
응이천용야차　건달바아수라　가루라긴나라

摩睺羅迦人非人等身得度者　卽皆現之　而爲說法
마후라가인비인등신득도자　즉개현지　이위설법

應以執金剛神得度者　卽現執金剛神　而爲說法
응이집금강신득도자　즉현집금강신　이위설법

無盡意　是觀世音菩薩　成就如是功德　以種種形
무진의　시관세음보살　성취여시공덕　이종종형

遊諸國土　度脫衆生
유제국토　도탈중생

〈한글 번역〉

마땅히 천신·용·야차·건달바·아수라·가루라·긴나라·마후라가와 사람과 사람 아닌 이들의 몸으로 제도할 이에게는 곧 다 그들의 몸을 나타내어 법을 설하고, 마땅히 집금강신으로 제도할 이에게는 곧 집금강신을 나타내어 법을 설하느니라. 무진의여, 관세음보살이 이와 같은 공덕을 성취하여 여러 가지의 형상으로 여러 국토에 다니면서 중생들을 제도하여 해탈케 하느니라.

〈강의〉

다음으로 열거된 부류는 시비성비범방편(示非聖非凡方便)으로 성인도 아니고 범부도 아닌 존재의 모습으로 관세음보살이 중생을 제도한다는 것입니다. 흔히 천룡팔부(天龍八部) 혹은 팔부중(八部衆)이라 불리는 존재들입니다.

첫 번째 나오는 천은 범어 데바(deva)를 번역한 것으로 천신을 가리킵니다. 앞서 이미 범천 등 천신들을 열거하였는데 여기에 다시 나온 이유는 무엇일까요? 앞에 나온 천신들은 공덕과 위신력이 매우 큰 잘 알려진 신들이고, 여기에 나열된 천신은 크게 알려지지 않은 신중들을 가리키는 것이라는 점과, 언어 습관상 팔부중은 늘 함께 거명된다는 점이 주요한 원인이라 할 수 있겠습니다.

용에는 네 종류가 있습니다. 첫째는 천신들이 머무는 하늘의 궁전을 수호하여 인간세계에 떨어지지 않도록 유지하는 용으로서 지붕 위에 용의 형상을 만들어 놓는 것은 이러한 이유입니다. 둘째로 구름을 일으키고 비를 내려서 인간들에게 이로움을 주는 용과 셋째는 땅에 사는 지룡(地龍)으로서 강을

트고 도랑을 여는 역할을 하며, 넷째는 엎드려 숨어서 전륜성
왕같이 큰 복을 지닌 사람을 지키는 용이 있습니다.

야차는 범어 약샤(yaksa)를 음사한 것인데 동작이 빠른 귀신
이라는 의미의 첩질귀(捷疾鬼) 등으로 번역합니다. 이들은 바
다 가운데의 섬, 허공, 천상계 등 세 곳에 사는데, 바람처럼
빠르게 다닌다고 합니다. 본래 사람을 해치거나 잡아먹기도
하였지만 불법에 귀의하여 오래 지나면서 사람을 잡아먹지
못하게 되었습니다. 또한 부처님께서 대도를 성취한 뒤 처음
설법을 하시자 이 사실을 천계에 소리 높이 전한 것이 이들입
니다.

건달바(gandharva)는 향기를 먹고 산다고 합니다. 평소 수미
산 남쪽의 금강굴에 거주하는데 제석천이 음악이 필요하다고
생각하면 그 마음에 전해져 제석천의 궁전에 올라가 음악을
연주하는 신입니다.

아수라(asura) 역시 범어이며 육도 가운데 하나입니다. 이들
은 평소 큰 바닷가에 살고 있는데 매우 힘이 세며 싸우기를
좋아한다고 합니다. 입으로 해와 달에게 바람을 불면 그 빛이
약해지고 손으로 수미산을 치면 산이 기울어지며 바닷속에
들어가면 물이 허리에 찰 정도라고 합니다. 남자의 모습은 추
하고 여자는 아름답게 생겼으며 한결같이 술을 마시지 않습
니다. 이들은 천신들이 감로주를 마시는 것을 보고 부러운 마
음이 들어 꽃잎을 따서 바닷속에 두어 술을 빚으려 하였지만

술이 익지 않자 화가 나서 술을 절대로 마시지 않겠노라 맹세
하였다고 해서 무주신(無酒神)이라 불리며 술을 마시지 않은
까닭에 큰 힘을 얻게 되었다고 합니다.

가루라(garuda)는 날개 끝이 금색인 거대한 새이므로 금시조
(金翅鳥)라고 번역합니다. 이들은 주로 용을 잡아먹고 산다고
합니다. 긴나라(kimnara)는 가무와 악기 연주에 능한 악신(樂
神)이며 크기는 건달바보다 작고 형체는 사람과 비슷하지만
머리에 뿔이 있습니다. 마후라가(mahoraga)는 지룡(地龍)이라
고도 하고 대망신, 즉 이무기라고도 합니다. 발이 없어서 배
로 기어 다니는 축생입니다.

이들 팔부중을 살펴보면 천과 건달바는 천계에 속하고 용
과 가루라, 마후라가는 축생이며 야차는 귀신, 아수라는 아수
라도에 속하는 존재들입니다.

다른 중생 구제는커녕 자신부터 구제되어야 할 악도 중생
들이 많은데 어찌하여 관세음보살이 이들의 모습으로 응현하
는가 의아해할 수 있습니다. 이들은 비록 악도에 속해 있지만
다른 중생들에 비해 큰 위덕과 지혜가 있어서 본래의 모습을
바꾸어 사람처럼 나타날 수 있기 때문에 부처님이 설법하실
때 참석하여 법문을 들을 수 있습니다. 또한 부처님께 귀의하
여 불법을 수호하는 존재가 되었으므로 이들에게 제도될 중
생들이 적지 않게 있는 것입니다.

마지막의 집금강(執金剛)은 체구가 매우 크고 힘이 세어서

금강역사라고도 부릅니다. 팔부중에 포함되지 않으나 불법을 수호하는 천신으로 어떤 이는 "욕계와 색계의 천계에 있으면서 모든 천신들을 교화하니 곧 대권신(大權神)이다"라고 말하기도 합니다.

이렇듯 관세음보살은 부처님의 몸으로부터 축생, 귀신의 몸에 이르기까지 33응화신으로 나타나 법을 설한다고 「보문품」에는 되어 있습니다. 하지만 관세음보살은 이들 뿐 아니라 십법계(十法界)의 모든 곳에 온갖 모습으로 출현하여 교화하시기 때문에 보문시현(普門示顯)이라 일컬어집니다.

관세음보살은 온 우주 법계에 두루 존재하는 각체(覺體)인 까닭으로 인간 누구나가 관세음보살이며 모든 중생이 다 관세음보살이라 할 수 있습니다. 하지만 관세음보살의 마음으로서 생활하느냐 그렇지 않느냐에 따라 관세음보살과 범부, 중생, 즉 인간으로서의 차이가 생기는 것입니다. 곧 이것이 성인과 범부의 차이인 것입니다.

거울 앞에서 자기의 용모나 옷매무새를 바로 잡듯이 관세음보살을 향해 자기의 마음을 비추어 굽은 것은 바르게 하고 더러움을 씻어버리고 온갖 번뇌 망상을 털어버리는 수행에 힘써야 할 것입니다. 이로써 바로 성범불이(聖凡不二)의 경지에 이른다 하겠습니다.

우리 불자들이 바른 수행을 영위하기 위해서는 관세음보살경(觀世音菩薩鏡)에 비추어 관조(觀照)해야 합니다. 중생의 본심(本心)은 청정한 대허공과 같아서 항시 밝고 해맑지만 다만 사바세계의 먹구름인 진에(瞋恚)에 가려져 그 빛을 못 보게 할 따름입니다. 그러할 경우에 조용히 자기 본심을 자성관음(自性觀音)에 조고(照顧)하면 반드시 명확한 답을 얻게 됩니다.

그러므로 관음행자는 관세음보살을 어느 때 어느 곳에서나 항상 자기 마음과 함께하여, "내 마음이 곧 관세음보살이요, 관세음보살이 곧 내 마음"임을 직관함으로써 관세음보살의 가피를 입을 수 있는 것입니다.

8. 무진의보살이 관세음보살에게 공양(供養)하다

〈한역 원문〉

是故汝等　應當一心　供養觀世音菩薩　是觀世音
시고여등　응당일심　공양관세음보살　시관세음

菩薩摩訶薩　於怖畏急難之中　能施無畏　是故此
보살마하살　어포외급난지중　능시무외　시고차

娑婆世界　皆號之爲　施無畏者
사바세계　개호지위　시무외자

〈한글 번역〉

　그러므로 그대들은 마땅히 한마음으로 관세음보살에게 공양해야 하느니라. 이 관세음보살마하살이 무섭고 위급한 환난 가운데서 능히 두려움이 없게 하나니, 그러므로 이 사바세계에서 모두 그를 이름하여 '두려움이 없도록 베푸는 이'라 하느니라."

〈강의〉

경문을 똑똑히 보아야 합니다. 무엇으로 관세음보살님께 공양을 올려야 하겠습니까? 바로 일심(一心)으로 공양해야 합니다. 일심만이 진실한 공양입니다. 재물을 공양한다고 말한다면 보살의 공덕(功德) 법재(法財)는 무량무변(無量無邊)한데, 무명 속에서 살아가는 중생들의 공양이 필요하겠습니까? 필요하지 않습니다. 우리가 제불보살에게 공양해야 하는 것은 바로 '一心'입니다. 이 글을 읽는 여러분들께서는 한시라도 이 점을 잊으셔서는 안 됩니다. 지면이기는 하나 간곡하게 부탁드립니다.

보시(布施)에는 법시(法施)와 재시(財施), 무외시(無畏施)의 세 가지가 있습니다. 이 중에서 가장 어려운 것이 무외시입니다. 왜냐하면 무외시를 베풀기 위해서는 지혜와 능력, 그리고 변치 않는 자비심이 있어야 하기 때문입니다.

관세음보살은 이 세 가지 보시 중에서 가장 어려운 무외시 즉 '두려움이 없도록 베푸는 이'라고 경문은 이야기합니다. 경문에서 "무섭고 위급한 환난 가운데서 능히 두려움이 없게 하나니"라고 했습니다.

불자라면 대부분 살아가면서 한 번쯤은 어려운 상황에 처하게 됐을 때 무의식적으로 '관세음보살' 하고 되뇐 적이 있을 것입니다. 오랜 세월 동안 우리 민족의 무의식에 깊이 뿌리내린 관음신앙 때문일 수도 있지만 관세음보살은 앞서 말씀드린 바와 같이 항상 중생이 가는 길에 함께하기에 우리가 애타게 찾을 수 있는 것입니다.

어두운 밤에 혼자 길을 갈 때나 갑자기 두려움이 엄습할 때도 관세음보살에게 의지하는 것이 좋습니다. 또한 이는 관세음보살을 믿고 관음기도를 하는 불자에게는 자신의 기도에 대한 점검이 되기도 합니다. 만약에 불자 여러분들이 두려움을 느꼈다면, 또는 무서우면 기도에 틈이 있는 것입니다. 기도를 제대로 못해서 마음에 틈이 생겼을 때 무서움이 끼어들기 때문입니다.

무섭다, 안 무섭다는 것도 마음에서 생기는 것이고 힘들고 어렵다는 것도 다 마음에서 생깁니다. 내가 무섭다고 생각하면 무서움을 느끼게 되고, 무섭다고 생각하지 않으면 무섭지 않습니다.

이처럼 우리 중생은 자신이 만들어 놓은 기준과 프레임 안에서 생각하고 결정하고자 합니다. 어떤 일이나 상황이 힘들다, 어렵다고 생각하면 힘들고 어렵게 느껴지는 것도 마찬가지입니다. 바로 그것입니다. 다른 이유는 아무것도 없습니다.

이렇게 우리는 자신이 정한 생활 기준, 가치관의 환상에 사로잡혀 살고 있습니다. 자기 마음에 들지 않으면 '아니다'고 하고 '세상에 어떻게 그럴 수 있느냐?'며 고개를 휘휘 내젓습니다. 그러나 따지고 보면, 그럴 수 있으니까 그런 것이 아니겠습니까? 본래 그럴 수 없는 것이라면 그런 일이 생기지도 않았을 것입니다.

'두려움이 없도록 베푸는 사람'은 달리 표현하면 '당당함을 베푸는 사람'이라고 생각됩니다. 어떤 상황에서도 겁 없이 살도록, 당당하게 살도록 해 주는 분이 관세음보살이라고 보면 됩니다. 우리가 관세음보살의 명호를 불러서 단순하게 눈에 보이는 혜택만 입으려고 할 것이 아닙니다. 관세음보살의 본래 뜻이 무엇인지 헤아려서 참된 삶의 길을 찾는 것이 참다운 관음기도라고 생각합니다.

〈한역 원문〉

無盡意菩薩　白佛言　世尊　我今當供養　觀世音菩
무진의보살　백불언　세존　아금당공양　관세음보

薩　卽解頸衆寶珠瓔珞　價值百千兩金　而以與之
살　즉해경중보주영락　가치백천량금　이이여지

作是言　仁者受此法施珍寶瓔珞　時觀世音菩薩
작시언　인자수차법시진보영락　시관세음보살

不肯受之　無盡意　復白觀世音菩薩言　仁者愍我
불긍수지　무진의　부백관세음보살언　인자민아

等故　受此瓔珞
등고　수차영락

무진의보살이 부처님께 말씀드렸습니다.

"세존이시여, 제가 지금 관세음보살에게 공양하겠습니다."

그리고 곧 목에 장식하였던 영락의 값이 백천 금이나 되는 것을 풀어 이렇게 말하였습니다.

"어진 성현이시여, 이 법으로 보시하는 보배영락을 받으십시오."

이때에 관세음보살이 이것을 받지 않자 무진의보살은 다시 관세음보살에게 말씀드렸습니다.

"어진 성현이시여, 우리들을 어여삐 여기시어 이 영락을 받으십시오."

〈강의〉

이제 무진의보살이 영락의 값이 백천 금이나 되는 보배영락을 관세음보살에게 공양하려고 합니다. 관세음보살과 같이 지혜와 복덕이 높은 대보살은 아주 훌륭한 복전(福田)이기 때문에 그에게 공양을 올리면 다른 수행자에게 올린 것보다 훨씬 더 큰 복으로 자랄 수 있기 때문입니다. 이를 달리 표현하면 큰 수행자가 공양을 받는 것은 재물에 대한 욕심이 전혀 없지만 중생들을 불쌍히 여겨 복전이 되어 주려는 마음에서 기인하는 것입니다.

그런데 물질인 영락을 일컬어 '법으로 보시하는 보배영락'

이라고 했습니다. 왜 그렇겠습니까? 그것은 물질이라도 법으로 생각하고 받아달라는 것입니다. 법을 듣고 법을 펴는 의미로서 보시를 하고 받아달라는 뜻이기 때문에 법보시가 되는 것입니다. 큰 수행자는 재물에 대한 욕심이 전혀 없기에 공양을 받는 것이 사실은 공양하는 이를 생각해서 받아주는 것이라고 앞서 말씀드렸습니다.

　다른 면을 살펴보면, 받는 사람이 아니라 주는 사람이 답답한 것입니다. 왜냐하면 보시를 하는 사람은 복을 쌓는 것이 되지만 보시를 받는 이는 있던 복이 깎이게 됩니다. 관세음보살이 보배영락을 받아 주어야 무진의보살이 공덕을 짓게 되는 이치이며, 무진의보살 또한 자신의 공덕을 위한다기보다는 중생을 위해서 공양을 올리는 것이라 할 수 있습니다.

〈한역 원문〉

爾時佛告觀世音菩薩　當愍此無盡意菩薩　及
이 시 불 고 관 세 음 보 살　당 민 차 무 진 의 보 살　급

四衆天龍夜叉　乾闥婆阿修羅　迦樓羅緊那羅
사 중 천 용 야 차　건 달 바 아 수 라　가 루 라 긴 나 라

摩睺羅伽　人非人等故　受是瓔珞　卽時觀世音
마 후 라 가　인 비 인 등 고　수 시 영 락　즉 시 관 세 음

菩薩　愍諸四衆　及於天龍人非人等　受其瓔珞
보 살　민 제 사 중　급 어 천 용 인 비 인 등　수 기 영 락

分作二分　一分奉釋迦牟尼佛　一分奉多寶佛塔
분작이분　일분봉석가모니불　일분봉다보불탑

無盡意　觀世音菩薩　有如是自在神力　遊於娑婆
무진의　관세음보살　유여시자재신력　유어사바

世界
세계

〈한글 번역〉

그때 부처님께서 관세음보살에게 말씀하셨습니다.

"마땅히 이 무진의보살과 사부대중과 천신·용·야차·건달
바·아수라·가루라·긴나라·마후라가와 사람과 사람 아닌 이
들을 어여삐 여겨서 이 영락을 받으라."

곧 그때 즉시 관세음보살이 사부대중과 천신·용·야차·건
달바·아수라·가루라·긴나라·마후라가와 사람과 사람 아닌
이들을 어여삐 여겨서 그 영락을 받아 두 몫으로 나누어 한
몫은 석가모니 부처님께 바치고 또 한 몫은 다보불탑에 바치
었습니다.

"무진의여, 관세음보살이 이와 같이 자재한 신통력으로 사
바세계를 다니느니라."

〈강의〉

무진의보살이 바치는 백천 금이나 되는 값비싼 보배영락을

관세음보살이 거듭해서 사양하자 이제는 석가모니 부처님께서 직접 중재에 나서시는 대목입니다.

부처님께서 관세음보살은 모든 대중을 위하는 마음에서 영락을 받으라고 말씀하십니다. 앞서 살펴본 바와 같이 보시를 받아주어야 보시하는 이에게 공덕이 돌아가기 때문입니다. 그렇게 해야 관세음보살의 모든 서원(誓願)과 행업(行業)이 생명력을 띠게 되고, 진실이 될 것입니다, 그 진실에 바탕하여 모든 사람들이 관세음보살을 믿고 의지하게 될 것이라는 뜻이 담겨 있습니다. 관세음보살이 보배영락 공양을 받아들이는 것은 보살을 위한 것이 아니라 일체의 모든 생명을 위한 것이 됩니다.

관세음보살은 보배영락 공양을 받으면서 보시의 공덕을 더욱 크게 만들었습니다. 그 영락을 둘로 나누어 석가모니 부처님과 다보 부처님께 바쳤습니다. 다보 부처님은 『법화경』을 설하는 곳은 어디든지 나투어 증명하겠다는 서원을 이루기 위해 다보불탑 안에서 설법을 듣고 계셨습니다.

"내가 성불하여 입적한 뒤 시방세계에서 법화경을 설하는 곳에는 나의 보탑이 솟아 나와 그 설법을 증명하리라."

이에 따라 석가모니 부처님께서 영축산에서 『법화경』을 설하실 때에도 다보탑이 솟아나 그 설법이 참된 진리임을 증명하고 찬탄한 것입니다.

석가모니 부처님께서 무진의보살에게 관세음보살의 인연

을 설하신 법화회상(法華會上)에 다보 부처님께서 함께하시는 것은 「보문품」의 내용이 명백한 진리임을 중생들에게 일깨워 주기 위함인 것입니다. 「보문품」에서 관세음보살의 신통력이 진리를 가르친 석가모니 부처님과 그 진리를 증명하신 다보 부처님의 덕분이기에 보배영락을 바쳤습니다. 석가모니 부처님께서 가르치신 진리를 깨닫고 실행하는 것으로만 얻을 수 있음을 확실하게 밝히고 있습니다.

관세음보살이 자신이 받은 공양을 두 분 부처님께 회향(廻向)한 것은 큰 의미를 지니는 일입니다. 관세음보살의 현명한 회향 덕분에 무진의보살의 보시 공덕이 더욱 커졌을 뿐만 아니라 관세음보살에게도 공덕이 돌아가게 되었습니다. 이렇게 되어야 보시가 제대로 이루어지는 것입니다.

살아가는 일도 마찬가지입니다. 지식이든 시간이든 혹은 경제력이든 노동력이든 간에 우리는 다른 사람에게 베풀 만한 것을 나름대로 가지고 있습니다. 혹은 자기는 가진 것이 없다하여 보시를 생각할 엄두조차 내지 못하는 경우가 있습니다.

어느 날 한 불자가 석가모니 부처님에게 자신은 남들보다 가진 것이 없어서 보시의 공덕을 지을 수 없다고 하소연하자, 부처님께서는 무재칠시(無財七施)를 설하셨습니다.

무재칠시란 비록 가진 것이 없다 해도 남에게 줄 수 있는 일곱 가지로 신시(身施), 심시(心施), 화안시(和顔施), 자안시(慈

顔施), 애어시(愛語施), 방사시(房舍施), 상좌시(床座施)가 있습
니다.

신시는 배운 것이 부족하고 가진 재물이 없다고 생각하는
사람은 몸으로 봉사를 할 수 있으며, 심시는 상대방의 입장이
되어 이해하고 그 심정을 헤아려주는 것입니다. 화안시는 부
드러운 얼굴빛으로 타인을 대하는 것이며, 자안시는 따뜻하
고 자애로운 눈길로 남을 격려하는 일이라 할 수 있습니다.
애어시는 듣는 이로 하여금 희망과 기쁨을 느낄 수 있도록 하
는 것이며, 방사시는 비를 맞는 사람과 우산을 함께 쓰는 것
과 같이 어려운 이들과의 작은 나눔의 실천입니다. 끝으로 상
좌시는 법당에서 자리를 양보하는 것이라 할 수 있겠습니다.

한 번만 생각해 보면 재물을 갖지 아니하여도 보시를 실천
할 수 있으며 불자들이 베풀 자리를 찾아보면 무궁무진하게
많습니다. 관세음보살이 보여주는 이치대로, 그것이 무엇이
든 다른 사람을 위해 보시하고 회향하면 그것은 몇 배로 불어
나게 되지만 그 무엇보다 먼저 오는 것이 보시를 행함으로써
우리 자신이 행복을 느낀다는 것입니다. 이처럼 복된 일이 또
어디에 있겠습니까?

우리가 살아가는 사회는 더불어 살아가는 곳입니다. 때로
는 신세도 지고 때로는 베풀기도 하는 것이 사람이 살아가는
모습입니다.

관세음보살은 베풀기만 하는 것이 아니라 다른 이의 도움

도 받아 더 크게 회향하는 자세를 보여주고 있습니다. 우리가 참으로 관세음보살을 믿고 따른다면 '관세음보살' 하고 명호만 열심히 부를 것이 아니라, 관세음보살의 정신을 배우고 실천해야 할 것입니다.

보살의 지혜와 자비를 다 배우지 못하더라도 지금 이 대목에 나타난 회향의 정신 하나만이라도 배워서 실천한다면 「보문품」을 공부한 의미가 있다고 하겠습니다.

9. 부처님께서 게송(偈頌)을 설하다

〈한역 원문〉

爾時無盡意菩薩 爾偈問曰
이 시 무 진 의 보 살　이 게 문 왈

世尊妙相具　我今重問彼
세 존 묘 상 구　아 금 중 문 피

佛子何因緣　名爲觀世音
불 자 하 인 연　명 위 관 세 음

〈한글 번역〉

그때에 무진의보살이 게송으로 물었습니다.

"존귀하고 아름다운 모습을 다 갖추신 세존이시여,

제가 지금 저 분의 일을 다시 묻겠습니다.

관세음보살은 어떠한 인연으로써 관세음보살이라 부르십
니까?"

具足妙相尊　偈答無盡意
구족묘상존　게답무진의

汝聽觀音行　善應諸方所
여청관음행　선응제방소

弘誓深如海　歷劫不思議
홍서심여해　역겁부사의

侍多千億佛　發大清淨願
시다천억불　발대청정원

我爲汝略說　聞名及見身
아위여약설　문명급견신

心念不空過　能滅諸有苦
심념불공과　능멸제유고

〈한글 번역〉

　존귀하고 아름다운 모습을 다 갖추신 세존께서 게송으로
무진의보살에게 대답하셨습니다.

　"그대는 처처에 알맞게 응하여 나타나는 관세음보살의 행
(行)을 잘 들어라.

　관세음보살의 큰 서원(誓願)은 바다와 같이 깊어

　헤아릴 수가 없는 여러 겁 동안을

　여러 천억 부처님을 모셔 받들며

　청정한 대원을 일으켰느니라.

내가 이제 그대에게 간략하게 말하리라.

마음에 생각하여 소중히 간직하면 모든 세상의 괴로움을 능히 소멸하리라.

〈한역 원문〉

假使興害意　推落大火坑
가사 흥 해 의　추 락 대 화 갱

念彼觀音力　火坑變成池
염 피 관 음 력　화 갱 변 성 지

或漂流巨海　龍魚諸鬼難
혹 표 류 거 해　용 어 제 귀 난

念彼觀音力　波浪不能沒
염 피 관 음 력　파 랑 불 능 몰

〈한글 번역〉

가령 어떤 사람이 해치려는 생각을 품고
큰 불구덩이로 밀어 넣더라도
관세음보살을 생각하는 거룩한 힘으로
불구덩이가 연못으로 변하게 되리라.
혹 바다에 표류하여
용과 물고기와 귀신의 난을 만나더라도
관세음보살을 생각하는 거룩한 힘으로

파도에 휩쓸리지 않게 되리라.

<한역 원문>

或在須彌峰　爲人所推墮
혹 재 수 미 봉　위 인 소 추 타

念彼觀音力　如日虛空住
염 피 관 음 력　여 일 허 공 주

或被惡人逐　墮落金剛山
혹 피 악 인 축　타 락 금 강 산

念彼觀音力　不能損一毛
염 피 관 음 력　불 능 손 일 모

<한글 번역>

혹 수미산 봉우리에 서 있을 적에
어떤 이가 밀어서 떨어뜨려도
관세음보살을 생각하는 거룩한 힘으로
해와 같이 허공에 떠있게 되리라.
혹 악인에게 쫓겨 금강산에 떨어져서 굴러 내려도
관세음보살을 생각하는 거룩한 힘으로
털끝 하나도 손상치 않게 되리라.

或値怨賊橈 各執刀加害
혹치원적요 각집도가해

念彼觀音力 咸卽起慈心
염피관음력 함즉기자심

或遭王難苦 臨刑欲壽終
혹조왕난고 임형욕수종

念彼觀音力 刀尋段段壞
염피관음력 도심단단괴

〈한글 번역〉

혹 원수나 도적에게 둘러싸여서
제각기 흉기를 들고 해치려 하더라도
관세음보살을 생각하는 거룩한 힘으로
악인 모두 다 자비한 마음을 내게 되리라.
혹 어쩌다 국법에 걸려들어서
사형이 집행되어 죽게 되어도
관세음보살을 생각하는 거룩한 힘으로
칼날이 조각조각 부서지리라.

〈한역 원문〉

或囚禁枷鎖 手足被杻械
혹수금가쇄 수족피뉴계

念彼觀音力　釋然得解脫
염피관음력　석연득해탈

呪詛諸毒藥　所欲害身者
주저제독약　소욕해신자

念彼觀音力　還着於本人
염피관음력　환착어본인

〈한글 번역〉

혹 옥중에 갇히어 큰칼을 쓰고
손과 발에 쇠고랑과 족쇄를 채웠더라도
관세음보살을 생각하는 거룩한 힘으로
절로 시원하게 벗어나리라.
혹 저주하며 독약으로
나의 몸을 해치려는 자가 있어도
관세음보살을 생각하는 거룩한 힘으로
도리어 그 사람에게 돌아가리라.

〈한역 원문〉

或遇惡羅刹　毒龍諸鬼等
혹우악나찰　독룡제귀등

念彼觀音力　時悉不敢害
염피관음력　시실불감해

若惡獸圍繞　利牙爪可怖
약악수위요　이아조가포

念彼觀音力　疾走無邊方
염피관음력　질주무변방

〈한글 번역〉

혹 흉악한 나찰과 독한 용이나
여러 가지 악귀들을 만나더라도
관세음보살을 생각하는 거룩한 힘으로
그것들이 해치지 못하게 되리라.
만약 악한 짐승들에 둘러싸여
험상궂은 이빨과 발톱이 무섭더라도
관세음보살을 생각하는 거룩한 힘으로
끝없는 먼 곳으로 달아나게 되리라.

〈한역 원문〉

蚖蛇及蝮蝎　氣毒煙火然
완사급복갈　기독연화연

念彼觀音力　尋聲自廻去
염피관음력　심성자회거

雲雷鼓掣電　降雹澍大雨
운뢰고체전　강박주대우

念彼觀音力　應時得消散
염피관음력　응시득소산

⟨한글 번역⟩

살모사와 독사와 전갈들이 독기를 불꽃처럼 내뿜더라도
관세음보살을 생각하는 거룩한 힘으로
그 소리를 듣고 스스로 피해 가리라.
혹 검은 구름과 천둥과 번개가 치고
우박과 소나기가 퍼붓더라도
관세음보살을 생각하는 거룩한 힘으로
잠시 사이에 흩어져 걷히게 되리라.

⟨한역 원문⟩

衆生被困厄　無量苦逼身
중생피곤액　무량고핍신

觀音妙智力　能救世間苦
관음묘지력　능구세간고

⟨한글 번역⟩

중생들이 곤액(困厄)과 핍박을 받아
한량없는 고통을 받을지라도
관세음보살의 미묘한 지혜의 힘이

세상의 고통에서 구해주리라.

〈한역 원문〉

具足神通力　廣修智方便
구족신통력　광수지방편

十方諸國土　無刹不現身
시방제국토　무찰불현신

〈한글 번역〉

신통하고 묘한 힘을 모두 갖추고
지혜의 방편까지 널리 닦아서
시방의 모든 세계 어디서든지
갖가지 몸을 나타내지 않는 데 없네.

〈한역 원문〉

種種諸惡趣　地獄鬼畜生
종종제악취　지옥귀축생

生老病死苦　以漸悉令滅
생로병사고　이점실령멸

〈한글 번역〉

가지가지 험하고 나쁜 갈래와

지옥·아귀·축생에까지
태어나고 늙고 병들고 죽는 고통을
차츰차츰 모두 다 없애버리네.

〈한역 원문〉

眞觀清淨觀　廣大智慧觀
진 관 청 정 관　광 대 지 혜 관

悲觀及慈觀　常願常瞻仰
비 관 급 자 관　상 원 상 첨 앙

無垢清淨光　慧日破諸暗
무 구 청 정 광　혜 일 파 제 암

能伏災風火　普明照世間
능 복 재 풍 화　보 명 조 세 간

〈한글 번역〉

세상을 향한 참된 관찰과 청정한 관찰과
넓고 큰 지혜의 관찰과
가엾이 여기는 관찰과 자비로운 관찰을
언제나 원하고 언제나 우러러보네.
관세음보살의 때묻지 않은 청정하고
밝은 광명이 태양 같은 지혜로 어둠을 깨고
바람과 불의 재난들을 굴복시키고

골고루 밝은 빛 세상을 비추네.

〈한역 원문〉

非體戒雷震　慈意妙大雲
비 체 계 뢰 진　자 의 묘 대 운

澍甘露法雨　滅除煩惱焰
주 감 로 법 우　멸 제 번 뇌 염

〈한글 번역〉

자비는 체(體)가 되고 계행은 우레가 되고,

인자한 마음은 미묘한 큰 구름이 되어

감로(甘露)의 법의 비를 뿌려 주어

번뇌의 뜨거운 불꽃을 소멸하리라.

〈한역 원문〉

諍訟經官處　怖畏軍陣中
쟁 송 경 관 처　포 외 군 진 중

念彼觀音力　衆怨悉退散
염 피 관 음 력　중 원 실 퇴 산

〈한글 번역〉

송사하고 다투는 관청에서나 무섭고

겁이 나는 군대의 진중에서도
관세음보살을 생각하는 거룩한 힘이
원수들을 물리쳐서 흩어 버리네.

<한역 원문>

妙音觀世音　梵音海潮音
묘음관세음　범음해조음

勝彼世間音　是故須常念
승피세간음　시고수상념

念念勿生疑　觀世音淨聖
염념물생의　관세음정성

於故惱死厄　能爲作依怙
어고뇌사액　능위작의호

<한글 번역>

미묘한 음성의 관세음보살이여,
청정한 음성과 해조음의 소리
세간의 음성과 견줄 수 없네.
그러므로 언제나 생각을 하여
잠시라도 의심을 내지 말라.
관세음보살과 같은 청정한 성인은
괴로움과 번뇌와 죽음의 재앙이 닥칠 때

능히 의지할 바가 되리라.

〈한역 원문〉

具一切功德 慈眼視衆生
구 일 체 공 덕　자 안 시 중 생

福聚海無量 是故應頂禮
복 취 해 무 량　시 고 응 정 례

〈한글 번역〉

관세음보살은 모든 공덕 두루 다 갖추고
자비의 눈으로 중생을 지켜보며,
복덕의 무더기는 바다같이 한량없나니
그러므로 정성스레 절을 올려야 하느니라."

〈강의〉

석가모니 부처님께서 무진의보살에게 관세음보살의 크나큰 서원과 보살행을 아름다운 게송(偈頌)으로 설하시는 대목입니다. 이 게송은 「여래수량품」의 자아게, 「법화경 약찬게」와 「법성게」 등과 함께 경전에 있는 게송 중에서 손꼽히는 아주 중요하고 유명한 게송입니다. 앞의 산문에서 풀이한 내용과 크게 다르지 않지만 반복하는 것도 있고 새로운 이야기가 등장하기도 합니다.

게송의 내용이 저절로 마음을 평안하게 하고 구절도 아름다워서 하루에 몇 번이라도 소리 내어 읽기에 좋습니다. 「보문품」 전체의 내용뿐만 아니라 관음신앙의 정수(精髓)가 이 게송에 압축되어 있다고 할 수 있습니다.

　　불자 여러분들께서는 『관음도독』을 정독한 뒤에 이 게송 부분을 한 번 외워보시기 바랍니다. 그리하면 내 마음 가운데 놀라운 변화가 나타날 것이며 관세음보살의 크나큰 서원과 가피에 대해서 크게 환희심(歡喜心)을 느끼게 될 것입니다.

　　또한 사경(寫經)을 권해드리고 싶습니다. 사경은 부처님 말씀을 담은 경전(經典)을 정성스레 베껴 쓰는 것을 말합니다. 원래는 불경(佛經)을 후세에 전하거나 스님들이 독송 연구 또는 서사(書寫)의 이익을 위해 만들어졌으나, 인쇄술이 발달한 현대에 와서는 주로 공덕(功德), 즉 좋은 일을 행한 덕으로 훌륭한 결과를 가져오게 하는 능력과 수행의 방편으로 행해지고 있습니다. 한 자 한 자 정성껏 쓰다 보면 어느새 마음이 평화로워지면서 경문과 게송의 내용이 새롭게 우리 마음속에 새겨지는 것을 느낄 수 있을 것입니다.

　　사경을 통하여 부처님의 가르침을 바르게 이해하게 되며, 어리석고 어둡던 마음이 밝아지고 총명해집니다. 또한 심한 번민과 갈등이 가라앉고 평안한 마음을 얻을 수 있으며 속세의 업장(業障)이 소멸되어 마음은 무한한 기쁨으로 충만해집니다. 사경이 쉽지는 않습니다. 하지만 인내력을 갖고서 꾸준

하게 실천하게 되면 모든 일이 어려운 일 없이 원만히 성취될 수 있으며, 소원이 이루어지기도 하며 불보살님의 가피력으로 수행 생활에 무한한 도움이 될 것입니다.

처음에는 「관세음보살보문품」의 게송으로 시작해서 정진력이 향상된다면 순차적으로 「보문품」, 『법화경』 각 품, 또는 『반야심경』, 『금강경』, 『화엄경』 등 부처님의 세계로 나아가시기 바랍니다.

10. 보문품의 문품득익(聞品得益)과 발보리심(發菩提心)

〈한역 원문〉

爾時持地菩薩 卽從座起 前白佛言 世尊 若有衆
이시지지보살 즉종좌기 전백불언 세존 약유중

生 聞是觀世音菩薩品 自在之業 普門示現神通
생 문시관세음보살품 자재지업 보문시현신통

力者 當知是人 功德不少 佛說是普門品時 衆
력자 당지시인 공덕불소 불설시보문품시 중

中八萬四千衆生 皆發無等等阿耨多羅三藐三
중 팔만사천중생 개발무등등 아뇩다라삼먁삼

菩提心
보리심

〈한글 번역〉

그때 지지보살이 자리에서 일어나 부처님 앞에 나아가 말씀드렸습니다.

"세존이시여, 만일 어떤 중생이 이 관세음보살품의 자재하신 일과 넓은 문으로 나타내시는 신통의 힘을 듣는 이가 있으면 이 사람의 공덕은 적지 아니한 것을 알 수 있겠습니다."

부처님께서 이 「보문품」을 설하실 때에 팔만 사천 중생들이 모두 견줄 수 없는 최상의 깨달음에 대한 마음을 내게 되었느니라.

〈강의〉

『열반경』에 의하면, "발심과 궁극은 다르지 않으나 두 마음 중 앞의 마음이 어렵다"고 했습니다.

이 부분은 「관세음보살보문품」을 들은 사람의 공덕이 적지 않다는 것을 찬탄하는 부분입니다. 또한 「보문품」을 들은 청법 대중이 가장 높고 완전한 깨달음인 부처님의 지혜, 즉 무상정등정각을 얻겠다고 서원하는 대목입니다.

누구든지 험한 세상을 살아가는 동안에 불보살님을 의지하지 않고는 견디기 힘든 경우를 만나게 됩니다. 「보문품」에서는 그렇듯 힘겨운 상황에서 우리 중생들이 의지할 것을 상세하게 풀어주고 있는데 그 내용을 깊이 들어가 보면 그 이치가 매우 과학적이고 합리적입니다.

관음신앙은 단순히 맹목적이거나 기복을 구하는 신앙이 결코 아닙니다. 또한 「보문품」을 듣는 것만으로도 공덕이 매우 크다고 할 수 있습니다. 「보문품」이 팔만대장경에 새겨져 우리 불자들에게 들려주고 싶은 이야기는 일심으로 기도하면 누구든지 그 이치를 깨달을 수 있다는 것임을 깊이 새기시기 바랍니다.

　여기서 또 하나 중요한 것은 관세음보살의 명호가 아니라 '문시관세음보살품(聞是觀世音菩薩品)'임을 기억해야 합니다. 이는 직접적으로 「보문품」을 가리키고, 나아가 『능엄경』의 '관세음보살 이근원통장'을 포함한 그것도 관세음보살품이며, 『화엄경』의 「관세음보살장」, 즉 40화엄 제7회향장도 관세음보살품입니다. 즉 달리 말해서 이 문구는 협의(俠義)로는 이 일품을 가리키고 광의(廣義)로는 두 경전 내외 관련된 모든 것을 그 가운데 포괄합니다.

　나무관세음보살

글을 마치며

기도의 가피

　일반적으로 기도란 자신의 한계를 극복하거나 본인이 원하는 바를 얻고자 절대적인 유일신 또는 외부에 존재한다고 믿는 절대적인 힘(Absolute Power)에 의지하여 간절하게 비는 것을 말합니다. 하지만 불교의 기도는 부처님과 불보살의 원(願)을 기반으로 하는 가피(加被)로 어려운 상황을 극복하고 중생이 원하는 바를 성취할 수 있도록 되어 있습니다. 중생을 구제하고자 하는 불·보살의 원력과 자비가 중생의 간절함을 담고 있는 기도에 감응하여 중생이 원하는 바를 이루게 하는 것입니다. 달리 말하면, 가피는 부처님과 불보살이 중생을 구제하려는 회향의 모습이며 동시에 부처님의 대자자비(大慈慈悲)의 현현인 것입니다.

　기도의 방법으로는 절·주력·사경·간경·염불 등 여러 가지가 있습니다. 이 중 염불은 초기불교부터 전래되어 왔으며, 현재까지도 일반 대중들에게 매우 친숙한 신행 형태로 진행

되고 있습니다.

　종교 수행에 있어 효용의 측면에서 바라본다면 일반대중에게 교리공부와 참선수행이 접근이 어려운 이유는 대중의 욕구와는 현실적인 괴리감이 존재했기 때문이라 말할 수 있습니다. 이와는 달리 염불은 불교 수행법의 난이도 측면에서 바라본다면, 이행도(易行道)로서 말 그대로 쉽고 편한 길이라는 의미를 가지고 있습니다. 또한 모든 불보살은 일체중생을 제도하려는 원력을 가지고 중생 곁에서 존재하고 계십니다. 그렇기 때문에 범부중생이 부처님과 불보살에게 귀의하여 간절히 염하고 지심으로 찾게 되면 부처님과 불보살의 영험한 가피를 체험하게 됩니다. 왜냐하면 대승불교는 자력으로 무명을 타파하기 어려운 범부들이 구제받을 수 있도록 염불문을 열었기 때문입니다.

　염불은 부처님을 마음속에 깊이 억념하여 잊지 않고 간직하려는 의식화 작용으로 볼 수 있으며, 염불신앙은 불보살의 본원력과 가피력에 대한 믿음에서 출발하였습니다. 본원이란 보살이 성불하기 전에 세운 자비의 서원입니다.

　불교는 본래 자력신앙을 중심으로 출발하였지만 타력에 의한 중생구제의 길도 열어 보다 많은 사람을 제도하고자 하였습니다. 대승불교의 정토신앙이나 관음신앙 등의 타력신앙은 불보살의 가피력을 통한 구제의 유형에 속한다는 점에서 초기불교의 자력주의 전통과는 확연하게 구분됩니다.

부처님의 가르침은 본래 삼학 수행에 의해 스스로 깨달음을 얻고자 하는 지혜의 종교였으나, 대승불교의 발달과 함께 불보살의 가피력에 의지하여 안심입명을 얻고자 하는 믿음의 종교가 성행하게 되었습니다. 여기에 대승불교의 사상적 발전은 기존의 불타관(佛佗觀)에 많은 변화를 초래하였으며, 이에 불보살이 증가하였고, 따라서 불보살에 대한 다양한 신앙 형태가 나타나게 되었습니다. 대승불교에서는 아미타불, 약사여래, 관세음보살, 지장보살 등이 출현하게 되었으며, 이들 불보살은 중생들이 마음 깊이 귀의하는 신앙의 주요 대상으로 자리 잡게 되었습니다.

기도는 부처님의 가르침을 믿고 의지하여 몸과 마음을 다하여 실천하겠다는 진실한 믿음에서부터 생기게 됩니다. 기도의 마음 바탕에는 부처님의 법에 대한 확고한 믿음과 이해가 반드시 수반되어야 합니다. 반신반의하는 믿음이 아니라 결정적인 믿음인 것입니다. 과연 부처님과 불보살을 염하면 가피를 받을 수 있을까? 아니면 내 기도가 정말 될까?라는 생각을 갖는다면 이는 기도의 시작부터 잘못된 길로 들어선 것이라 할 수 있습니다. 그렇기 때문에 믿음은 구제, 즉 불·보살의 가피를 이끌어내는 원인으로 봐도 무방할 것입니다. 그렇다면 불교에서 가피란 무엇을 의미하는 것일까요?

'가피(加被)'란 범어(梵語) 아디스탄테(adhitiṣṭhante)를 한역(漢譯)하여 '가지(加持)한다', '지배(支配)한다', '섭수(攝受)한다'는 뜻으로 부처님과 불보살에게 위신력(威神力)을 받는다는 것을 의미합니다. 달리 말하면, 부처님과 불보살이 중생에게 불가사의한 힘을 부여해서 이익을 주는 것으로 볼 수 있습니다. 한편으로는 부처님과 불보살이 중생에게 자비를 베풀어 주는 것과 동시에 중생을 깊이 사랑하고 가엾이 여겨 이들을 지혜와 복덕으로 지켜준다는 뜻이기도 합니다. 즉 가피는 중생이 간절히 원하는 바를 기도를 통하여 이룰 수 있게끔 해주는 불·보살의 위신력입니다.

가피는 크게 세 가지로 나눌 수 있습니다. '몽중(夢中)가피'와 '현전(現前)가피', 그리고 '명훈(冥勳)가피'입니다.

몽중가피는 불자가 꿈속에서 부처님이나 불보살을 만나 본인이 원한 소원을 이루는 것입니다. 중생의 간절함이 끊이지 않고 이어져 바로 중생의 꿈에 나타나서 부처님과 불보살이 중생을 구제해 주는 것이라 할 수 있습니다.

현전가피는 부처님과 불보살이 지금 당장 눈앞에 나타나 그 원하는 바를 이루게 해 주는 것을 말합니다. 잘 알려진 이야기로 조선시대 세조와 문수동자의 이야기가 여기에 해당됩니다. 세조는 조카인 단종을 영월로 귀양 보낸 후 왕위를 차지하였습니다. 단종은 유배된 후 죽임을 당하게 되는데 어느 날 세조의 꿈에 단종의 어머니가 나타나 독설과 저주를 퍼부어 그 후로 세조는 몹쓸 병에 걸리게 되고 맙니다. 세조가 백

방으로 노력을 기울여도 이를 고치지 못하였으나 오대산 상원사 적멸보궁에서 기도하던 중 문수동자가 현신(現身)하여 고쳐주었다는 이야기가 바로 현전가피의 대표적 사례입니다.

　명훈가피는 꿈속에도 눈앞에도 나타나지 않지만, 평소 불자로서의 신행생활을 하면서 체험하게 되는 직접적인 것도 아니고 눈에 보이지는 않지만 불자가 느끼며 겪게 되는 불보살의 가피로 중생이 원하는 바가 성취되는 것입니다. 앞서 언급한 몽중가피와 현전가피는 가피가 꿈속에서도 나타나기를 바라고 현실의 눈앞에 나타나기를 바라기에 범부중생에게는 망상과 집착이 생길 수도 있습니다. 하지만 명훈가피는 중생의 절박한 간절함에 대한 불보살의 감응의 결과가 그대로 우리에게 전해지는데 중생이 느끼지 못하는 것입니다. 중생이 느끼지 못할 뿐 명훈가피의 변할 수 없는 진리는 항상 우리들의 곁에 있습니다. 또한 진실한 신심을 가진 채 살아가는 불자들은 자신뿐만 아니라 자신의 가족에게 일어나는 모든 일들이 공덕(功德)이 되어 돌아온다고 인식하고 믿으며 생활하고 계십니다.

　『삼국유사』에 의하면, 장춘의 어머니가 관음상(觀音像) 앞에서 7일 동안 간절히 기도를 함으로써 관세음보살이 스님으로 응현(應現)하여 그녀의 아들을 구해주었다는 내용이 있습니다. 이는 위험에 처한 것으로 여겨지는 자식의 어머니가 관세음보살의 명호를 일심으로 칭명하여 가피를 입은 경우라 할 수 있습니다.

　하지만 중요한 사실은 정작 폭풍의 어려움을 당한 것으로 여겨진 당사자인 장춘은 관세음보살에게 직접적으로 구원을 청하지는 않았다는 사실입니다. 즉 실질적으로 관세음보살의 가피를 받을 수 있었던 원인은 자식의 무사귀환을 위해 일심으로 기도한 어머니의 노력이었던 것입니다. 즉 어려움에 처한 자식의 어머니가 관세음보살을 향해 염원한 것이 직접적인 원인이 되어 관세음보살의 응화를 받아 무사히 집으로 돌아올 수 있었던 것입니다. 발원자인 장춘의 모친에 의해 그 결과가 이루어진 것입니다.

　이와 같은 사례는 오늘날에도 우리 불자들의 신행 생활 속에서 나타난다고 볼 수 있습니다.

　명훈가피가 갖고 있는 또 하나의 '특별한 가피'는 바로 기도를 통해서 실상을 받아들이고 세상을 지혜롭게 바라보는 혜안(慧眼)을 얻게 되는 것이며, 동시에 삶의 변화를 통해 행복한 삶을 영위할 수 있다는 것입니다. '생각이 바뀌면 행동이 바뀌고, 행동이 바뀌면 운명이 바뀐다'라는 말이 있습니다. 우리의 한 생각에 의해 우리의 운명이 행복과 불행, 성공과 실패로 뒤바뀔 수도 있으며 이는 불자들의 삶에 있어서 많은 작용을 할 수 있습니다.

　중생은 모두 전생의 생각과 행동에 따른 결과인 업보(業報)

를 갖고 현생에 태어나며, 이 힘은 내생에도 반드시 영향을 미치게 되어 있습니다. 이와 같은 결과를 바꿀 수 있는 것은 지금 한 생각을 전환하는 것에 의해 새롭게 변화할 수 있는 것입니다.

'성심불간(聖心不間) 유구필응(有求必應)' 즉 '맑고 지극한 마음이 끊이지 않게 구하는 것이 있으면 반드시 응답이 있다'는 것입니다.

기도는 '헛되지 않다'는 확신에 찬 믿음 속에서 이루어져야 합니다. 기도가 반드시 이루어진다는 확고한 믿음 속에서 이루어져야 하는 것은 아무리 강조해도 지나치지 않습니다. 설령 중생의 눈과 마음으로 바라보았을 때에는 본인의 기도가 이루지지 않은 것처럼 보일지라도 사실은 그렇지 않습니다. 다시 한 번 말씀드리지만, 「보문품」에 의하면, "어떤 중생이 관세음보살에게 공경하고 예배하면 그 복은 헛되지 않을 것이니〔福不唐捐〕 그러므로 중생은 모름지기 관세음보살의 이름을 받아 지닐지니라"라고 설하고 있습니다. 여기서 당(唐)이란 '헛되다' '부질없다'는 뜻인데 예배에 쏟은 정성이 필요한 정도에 이르면 원이 이루어지고 설사 모자라서 이루어지지 않더라도, 그 정성이 '헛되이 없어지지 않고 보이지 않게 도움을 준다〔冥勳加被〕'는 의미를 담고 있습니다. 기도 또한 마찬가지인 것입니다.

기도는 우리가 인식하지 못하더라도 반드시 이루어지며, 우리의 삶 속에서 보이지 않게 작용하고 있는 것입니다.

관음도독(觀音導讀), '관세음보살보문품 독해 가이드'를 마치면서, 1971년 당시 조계사에서 열린 부처님 오신날 법회에서 고암(古庵, 1899~1974) 종정스님께서 내려주신 '부처님 오신날 법어'를 들려드리고자 합니다.

"여러분들 모두가 이미 부처님의 가피를 입었습니다. 여러분 눈에 보이는 세상을 볼 수 있는 것이 부처님 가피요, 들을 수 있는 것, 생각에 이르기까지 모두가 부처님의 가피입니다."

관음도독觀音導讀
- 황상준의 법화경 관세음보살보문품 독해 가이드

개정판 1쇄 인쇄   2021년 6월 27일
개정판 1쇄 발행   2021년 6월 30일

지은이   황상준
펴낸이   오세광

펴낸곳   도서출판 나라연
출판신고번호   제 313-2006-000136호
신고일자   2006년 6월 26일
주소   경기도 시흥시 함송로29번길 54, 117동 703호
전화   031-497-0792
팩스   031-497-0798

ⓒ 황상준, 2021. Printed in Korea

ISBN   978-89-98388-11-9   03220